新编

新编高职高专旅游管理类专业规划教材
谢彦君　总主编

LÜYOU XINLIXUE

旅游心理学

第3版

徐永清　李长秋　主　编

北京·旅游教育出版社

新编高职高专旅游管理类专业规划教材编委会

总序

经过将近三年的策划与组织，旅游教育出版社的“新编高职高专旅游管理类专业规划教材”终于要整体付梓了。本套丛书不管是在编写宗旨的确立还是在撰著者的遴选方面，都经历了一个较为严谨而细致的过程，这也为丛书的质量奠定了一个良好的基础。

中国高等旅游教育和旅游产业的发展，已经度过了30多个春秋。从20世纪70年代末的筚路蓝缕到今天已蔚为大观的局面，这当中饱含着几代学人和业者共同努力、共同创业的艰辛。在今天看来，尽管在这个知识和行业共同体中曾经并依然存在着观点、思想和认识上的碰撞和摩擦，一路前行的步伐却始终没有停止。这也是中国旅游教育界、旅游产业界呈现于世人面前的最令人鼓舞的风貌和景观。

在整个高等旅游教育体系中，职业教育的发展只是在最近的十几年中才真正被政府纳入大力发展的战略框架，并在今天形成了占据旅游高等教育半壁江山的势头。如果站在整个旅游高等教育的视野来审视旅游职业教育和普通教育，大家会有一个基本的共识：旅游高等职业教育在人才培养方面，无疑更加体现了专业细分、供需对接、学为所用的人才培养效率和效果，并不像旅游本科教育那样，每年的毕业生有70%以上流入其他行业或领域，从而造成社会教育资源的极大浪费。这个问题学界多有认识、阐述和呼吁，并一致认为，其根源在一定程度上是由本科专业目录管理过于僵化的行政机制所造成。值得欣慰的是，最新的本科专业目录调整方案中，已经增设了饭店管理专业，这一举措借鉴了旅游专业高等职业教育按照旅游大类进行专业细化的成功方面，昭示了旅游大类下设专业（二级学科）进一步有限度细化的趋势。

不过，尽管旅游专业的高等职业教育有其成功的地方，但也不是没有问题。在专业格局有了科学规划的前提下，人才培养的质量就取决于具体的人才培养方案了。在这当中，各个学校所拥有的教学资源、师资队伍、教材、教学法等方面的准备，就成为关键的教育因素。如果仔细盘点目前我国旅游专业高等职业教育在这一方面的家底，其实还很不容乐观。在我看来，由于我们对职业教育在认识上还不够成熟、准备上还不够充分、操作上还有待完善，加之旅游职业教育向来多以接待服务为教育的主体内容，缺乏硬技术、高门槛。因此，中国的旅游职业教育，依然显得离岗位培训距离不远、差异不大。在知识体系和职业技能的衔接方面，始终没有找到最好的途径和策略。因此，旅游职业教育在培养人的职业深度发展空间方面，始终有浅薄无力的缺欠。这是一个需要警觉，同时也是一个需要时间才能加以解决的问题。

旅游教育出版社在策划本套丛书的初期，就意识到了这个问题，并有努力解决这一问题的想法。在本套丛书的书目确定、作者遴选、写作宗旨的厘定等方面，都试图对上述问题作出回应。从各位作者所作的努力来看，本套丛书还是在一定程度上解决了这个问题。整套丛书中，不乏在这方面做得很好的，也有在其他方面充分展现了特色的著作。因此，希望本套丛书的面世能够给旅游职业教育提供一套比较适用的教材资源。

本套丛书的作者都来自职业教育工作的教学与科研第一线，他们在各自所长的学科领域也都多有建树。作为本丛书的主编，我十分感谢他们在编写过程中所作出的巨大努力以及展现出来的合作与奉献精神。

由于水平所限，加之本人对旅游职业教育的理解缺乏深度，因此，本套丛书还是会存在总体架构、基本思想和具体编写工作方面的诸多不足甚至错谬。希望广大读者和其他人士对本书的缺欠不吝赐教，以图再版时予以修正，避免贻误学生。

是为序。

谢彦君

前言

本书于2012年1月初次付梓，第2版在2014年底完成，于2015年3月出版。时隔5年，无论是旅游行业，还是职业教育都发生了很大的变化。首先，旅游业的发展日新月异，旅游者的个性化需求日益突出，他们越来越重视自身的旅游体验，这对旅游业从业者提出了新的要求。其次，旅游教育的理念不断更新，各院校都在创新人才培养模式，加大校企合作的力度，课堂教学模式更加重视学生的主体地位，教学方法也更加灵活实用。

作为完成这一教育目标的载体——教材的建设越发重要，本书采用了"项目课程""任务驱动教学"的结构设计，突出学生在课堂教学中的主体地位，进一步激发了学生学习的积极性和主动性。同时，整本教材的不同任务由同一个"情景设计"导入，通过一个刚到旅行社工作的毕业生，引出不同的工作场景、设计旅游心理学的一系列知识点，让学生更加清楚认识到课本知识在工作中的作用，理论与实际紧密联系。

为了使本书更加完善、进一步适应旅游教育教学改革发展的需要，经过广泛的调研，我们再次对教材进行了修订，主要有以下特色：

1. 对教材内容进行了整合、删减。根据职业教育的培养目标，即培养面向经济社会发展需要和生产服务一线的高素质的劳动者和技术技能人才，剔除了教材中理论性过强的内容，使教材更加实用、可读。如精减了涉及管理学理论的知识。

2. 对教材中的知识进行了更新。结合旅游发展新业态、新形势，对教材"拓展知识"中的过时内容、教材中的老旧案例进行替换，增加了大量展现新时代旅游心理学的内容，体现了新时代的教材思政。

3. 对教材中的图片资料进行了更新。结合教材更换内容更加适合的图片，同时增加了大量生动的图片，使教材内容更加丰富、直观、新颖。

本书由郑州旅游职业学院的老师编写完成。由徐永清、李长秋任主编，设计大纲、审稿、定稿和最后统稿。魏玮、张可任副主编。具体分工如下，项目一由李长秋、张琪编写；项目二、五、六由魏玮、张琪编写；项目三由李长秋编写；项目四、七由张可、朱琳编写；项目八由张可、张琪编写；项目九由李雪妮编写。

本教材在编写过程中参考了不少专家、学者的有关旅游心理学方面的教材和专著，在此表示感谢。同时，旅游教育出版社的编辑们为之付出了辛苦和努力，在此一并表示感谢。

由于编写时间仓促和编者水平有限，书中难免有一些错误与不足，恳请各位专家和广大读者不吝赐教，以便本书在修订时加以改正。

作者

2020 年 12 月

目 录

项目一　认识旅游心理学

学习目标

1. 掌握心理学的研究内容；
2. 掌握旅游心理学的研究对象和内容；
3. 了解旅游心理学的研究方法和意义。

项目分析

2013 年 2 月，国务院办公厅颁布《关于印发国民旅游休闲纲要（2013—2020 年）的通知》，明确提出到 2020 年职工带薪休假制度基本得到落实的目标。这意味着我国旅游业正迈入休闲旅游时期，旅游日益成为人们生活中不可缺少的重要组成部分。那么，人们外出旅游的目的是什么？旅游中有什么心理需求？对这些问题的思考越来越多，这就涉及旅游心理学的知识。本项目主要介绍什么是旅游心理学，旅游心理学的研究对象和内容，以及研究旅游心理学的方法和意义等内容。

任务一　了解旅游心理学的研究对象和内容

☞ 情境设计

李红是一名大学毕业生，毕业后应聘到某旅行社工作。到岗后，旅行社组织新员工进行岗前培训，培训老师有来自企业的专家，也有来自院校的教授，培训内容非常丰富。培训中涉及诸多学科，有些学科对李红来说非常新鲜，她一下子就被吸引了，比如旅游心理学，这是研究什么的？对从事旅游工作有什么意义和帮助呢？李红决定好好学习。

根据以上情境，完成下列任务：

1. 讨论上文中提出的旅游心理学的研究范畴。
2. 讨论旅游心理学的研究内容。

☞ 任务分析

旅游活动是旅游者参与完成的活动，让旅游者高兴而来、尽兴游览、满意而归、回味无穷，这是旅游服务和管理工作的最高目标。如何达到这一个目标，就要了解旅游者想要什么，怎么去满足他们的需要，他们的心理活动是怎么进行的。这也是本项目所要探讨的问题。

旅游心理学是从心理学的角度研究旅游者和旅游业的一门新型学科，是一门介于旅游学和心理学之间、有自己独立研究领域的边缘学科，也是一门应用性很强的学科。心理学的基本概念和理论是旅游心理学最基本的理论依据。所以，在了解旅游心理学之前，需要先了解什么是心理学。

一、心理学的产生

莎士比亚称人为“万物之灵长，宇宙之精华”。人通过眼睛看到多彩世界、通过耳朵聆听优美旋律、通过大脑储存丰富知识。人们对周围多彩缤纷世界的认知，与人的心理的存在与发展不可分割。

人们对心理的研究自古有之。早在公元前4世纪，古希腊哲学家亚里士多德就著有《论灵魂》一书。柏拉图也提出过有关记忆理论的“蜡板假说”。他认为，人对事物获得印象，就像有棱角的硬物放在蜡板上所留下的印记一样。后来苏格拉底、笛卡儿等许多哲学家都有过心理学方面的论述。我国古代没有心理学专著，但有丰富的心理学思想，其散见于众多的哲学家、思想家和教育家的著作中。如我国先秦时期，诸子百家就提出过重要的心理学思想，荀况在《天论》中提出的“形具而神生”，即认为精神现象是依赖于形体而存在的。此外，荀况还对人的情绪进行了分类，提出“好、恶、喜、怒、哀、乐谓之情”。由此可见，人类在其发展的历史中从未停止过对自身心理的探索。但当时心理学尚属于哲学范畴，研究心理学的大都是哲学家和医生。

心理学真正成为一门科学，还是近一百多年的事情。1879年，德国心理学家威廉·冯特在莱比锡大学创建了世界上第一个心理学实验室，开始对人的心理现象进行系统的实验研究。在心理学史上，人们把这一事件视为心理学脱离哲学、走上独立发展道路的标志。科学的心理学不仅是对心理现象进行描述，更是对心理现象进行说明以揭示其发生、发展规律的学科。

拓展知识

心理学与精神病学的关系

人们常会问心理学的教师，“心理学与精神病学有何相似与区别之处？”尽管它们有许多相似点，但也有许多不同之处。精神病学家已完成了医学学业，并已获得了医学博士学位，而且他们通常已完成了精神病学的实习培训。由于他们接受过医学训练，所以精神病学家有开处方及运用其他治疗方法的资格。心理学则是一个更广阔的领域，在心理学中与精神病学最相似的专业是临床心理学。临床心理学家已读完心理学而非医学专业，获得哲学博士或心理学博士学位，而且他们已完成临床心理学的实习训练。

（资料来源：本杰明·B. 莱希 . 心理学导论［M］. 上海：上海人民出版社，2017.）

二、心理学的研究内容

心理学是研究人的心理现象及其规律的科学。人的心理现象丰富多彩，表现形式多种多样，但一般可以把它分为心理过程和个性心理两个方面。

（一）心理过程

心理过程是指人脑对客观事物不同方面及其相互关系的反映过程，包括认识过程、情感过程和意志过程。

认识过程是人最基本的心理过程，是人从感性认识到理性认识的发展过程，包括感觉、知觉、记忆、思维、想象等。通过感觉我们可以获取事物直接的、个别的属性，如形状、颜色、气味、硬度等。知觉则是反映客观事物整体的属性，如旅游活动中，旅游者一下就能分辨出这是火车、那是飞机；这是城市风景、那是乡村风光等。生活中，感觉和知觉是不可分割的，往往紧密联系在一起，可以统称为感知觉。当感知过的事物已不在眼前时，在人脑中还会重现该事物的形象，这就是记忆。在头脑中能构想出从未感知过的新形象，这就是想象。感知觉对客观世界的认识是很有限的，人们还能通过已有的知识经验去认识客观事物的本质和规律，这就是思维。

人们在认识客观事物的过程中，并不是固定的、冷漠的，而是常常表现出鲜明的态度，渗透着某种感情色彩，如满意或失望、喜欢或厌恶、高兴或伤心，还有人们常说的喜、怒、哀、乐，憎恨和恐惧等。这些在认识基础上产生的态度体验就是情感过程。如在旅游活动中的交通服务，干净的车厢、舒适的座椅、周到的服务、通畅的交通能让游客产生满意、愉悦的心理。反之，充满异味的车内环境、拥堵的交通则会使游客产生厌烦的心理。

人们在认识和改造客观世界的过程中，会遇到这样或那样的困难和障碍。因此，在一定的认识基础上，人们会拟订一定的目标和计划，并克服困难，排除障碍，努力实现目标，这就是意志过程。如人们在学习、工作和生活中表现出来的毅力和决心等。

认识过程、情感过程和意志过程相互联系、相互影响，共同构成心理活动的整个过程。其中，认识过程是情感过程和意志过程的基础，没有认识，人的情感就不能产生和发展；情感过程和意志过程是认识过程的动力。一个热爱旅游服务工作，并有坚强毅力的服务人员，会认真了解和把握游客心理，以出色的服务完成工作。

（二）个性心理

人们的心理现象有相同的一面，即相同的心理过程。但由于每个人所受的先天遗传和后天环境的影响不同，每个人的心理现象又表现出个人特征的一面，即个性心理不同。个性心理是指个体经常地、稳定地表现出来的心理特点，如有的人敏锐、细腻，有的人则粗枝大叶；有的人灵活、外露，有的人则稳重、内敛；有的人勇敢、顽强，有的人怯懦、软弱等。人与人之间在心理上的这种差异性就是个性心理，它包括个性倾向性和个性心理特征两个方面。

个性倾向性包括需要、动机、兴趣、信念、理想和世界观等，它是人进行活动的基本动力，也是个性心理中最活跃的因素。个性心理特征包括能力、气质和性格，它们是人的个性心理的具体表现，集中反映了一个人心理面貌的独特性和个别性。个性倾向性和个性心理特征有机、综合地体现在一个人身上，就形成了一个人的个性心理。

心理过程和个性心理是密不可分、有机联系的。个性心理是在心理过程中形成和发展的，并且通过心理过程表现出来。同时，个性心理又对心理过程有一定的影响作用。心理现象的构成如图 1-1 所示。

- 心理现象
  - 心理过程
    - 认识过程：感觉、知觉、记忆、思维、想象等
    - 情感过程：情绪、情感
    - 意志过程：意志
  - 个性心理
    - 个性倾向性：兴趣、需要、动机
    - 个性心理特征：能力、气质、性格

图 1-1　心理现象的构成

三、心理学的主要流派

随着心理学的发展，心理学出现了众多流派，其中影响较大的有以下几种：

（一）精神分析学派

精神分析学派产生于19世纪末和20世纪初，是西方颇有影响的心理学流派之一。创始人是奥地利精神病医生西格蒙德·弗洛伊德（Sigmund Freud，1856—1939），其主要作品有《梦的解析》《日常生活的心理分析》等。至今，弗洛伊德的思想依然对现代人们的生活产生深远影响。

精神分析学派是从研究人的意识、本能出发，着重于精神分析和治疗，并对人格结构和人格发展做出独特的解释。弗洛伊德认为，人的心理可以分成两部分，一部分是意识，另一部分是潜意识（无意识）。如图1-2所示，人的心理犹如冰山，冰山以上的部分是人们所能认识到的意识，它仅占冰山的1/8，容量有限；还有被人们意识不到，在海平面下面的7/8的潜意识（无意识）部分，它有巨大的容量。他把人格分为本我、自我、超我三部分。本我是与生俱来的，包括先天本能与原始欲望，执行的是“快乐原则”；自我是人格的执行者，处于本我与外部世界之间，执行的是“现实原则”；超我是“道德化了的自我”，执行的是“理想原则”，指导自我去限制本我的冲动。三者通常处于平衡状态，平衡被破坏，则导致精神疾病。弗洛伊德强调人的本能的、自然性的一面，他首次阐述了无意识的作用，肯定了非理性因素在行为中的作用，开辟了潜意识研究的新领域。精神分析也为现代心理学研究揭开了序幕。

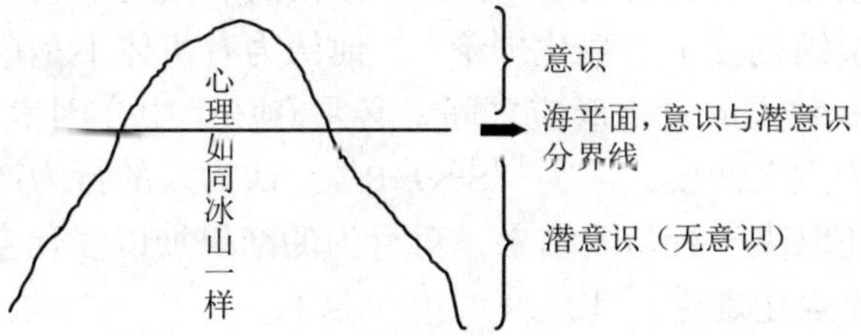

图1-2　意识分析图

拓展知识

俄狄浦斯情结

古希腊悲剧之父索福克勒斯在其代表作品《俄狄浦斯王》中，描述了这样一个故事：

俄狄浦斯王是国王拉伊奥斯和王后约卡斯塔的儿子，命运多舛，从小因为父亲听信先知预言而遭到遗弃。俄狄浦斯长大以后，在不知情的情况之下，杀死了自己的父亲，娶了自己的母亲，并成为了古希腊神话中忒拜城的国王。自从俄狄浦斯统治忒拜城后，国家灾祸和瘟疫频仍，他因此向神请示，想知道为什么会降下灾祸。最后在先知的揭示下，俄狄浦斯才知道一切都是因为自己犯了弑父娶母的滔天罪过，这是上天对他的惩罚。震惊不已又羞恨交加的俄狄浦斯刺瞎了自己的双眼，离开家园，独自流浪。

根据这个故事，奥地利精神病学家弗洛伊德把以本能冲动为核心的一种欲望称为“俄狄浦斯情结”，也就是恋母情结。

（资料来源：周义龙．旅游心理学［M］．武汉：武汉理工大学出版社，2010.）

（二）行为主义学派

行为主义学派在20世纪产生于美国，代表人物是美国的华生、斯金纳等。他们主张以研究行为为出发点，重视实验的作用。华生认为心理学不应只是研究人脑中那些无形的、不可捉摸的东西——意识，而应去研究那种从人的意识中折射出来的看得见、摸得着的客观东西，即人的行为。他们认为，具体的行为反应取决于具体的刺激强度，因此，他们把“S-R”（刺激－反应）作为解释人的一切行为的公式。行为主义理论认为，心理学的任务就在于发现刺激与反应之间的规律性联系，这样就能根据刺激而推知反应，反过来又可通过反应推知刺激，从而达到预测和控制行为的目的。20世纪40年代前后出现了新行为主义，新行为主义心理学家斯金纳创立了“强化理论”，他认为有机体不是单纯地对刺激做出反应。在外部刺激和人的行为反应之间，必须有一个中介因素“O”，这就是个体的心理，使行为主义的模式成为“S-O-R”。认为人的行为产生不仅取决于刺激的原因，而且还取决于行为的结果，对行为的结果加以强化会导致这种行为的重复产生，这就是强化理论。

（三）人本主义学派

人本主义学派在20世纪五六十年代兴起于美国，是继行为主义和精神分析的第三大势力。主要代表人物有马斯洛、罗杰斯等。其学习观与教学观深刻地影响了世界范围内的教育改革。

马斯洛等人本主义心理学家认为，对于人来说，最本质也是最可贵的东西是人的潜能，研究心理不应从“本能”出发，而应从“潜能”出发。由于他们重视对健康人的研究，进而使人本心理学的研究范围扩大了。1954年马斯洛所著的

《动机与人格》成为人本主义心理学派的代表作，书中提出了需要层次理论，指出自我实现是通过发挥人的潜能来实现人的价值的过程。

四、旅游心理学的研究对象和内容

旅游心理学是研究旅游活动中人们的心理现象及其变化规律的学科，旅游活动中的人们通常包括旅游者和旅游从业人员。正确认识旅游者和旅游从业人员自身的心理活动特点，可以提高旅游服务质量。所以，旅游心理学的研究对象包括旅游者的心理和行为以及旅游从业人员的服务心理和行为。旅游心理学既要研究旅游者的需要、动机、情感等心理活动特点和规律，同时也要研究旅游从业人员在旅游服务过程中的服务心理及应对策略，以及他们的心理保健。在旅游心理学的研究中，关于旅游者的心理研究应该是主要的研究内容，旅游服务心理也是围绕旅游者的心理需求进行研究的，这样才能充分体现旅游者的主体地位。

旅游心理学的研究内容主要有以下三方面：

（一）旅游者心理

旅游活动的主体是旅游者，是旅游业服务的对象。因此，了解旅游者的心理及其旅游行为的发生、发展及变化规律是旅游心理学首先研究的内容，也是旅游心理学研究的出发点与核心。从了解旅游者的旅游动机、知觉、态度、情感和个性的一般特征入手，分析激发旅游者旅游动机的方法、旅游者旅游活动中的人际知觉、旅游者态度改变的策略、旅游者情绪、情感的调控，以及旅游者个性特征对旅游消费行为的影响。

（二）旅游服务心理

旅游者在旅游活动中涉及食、住、行、游、购、娱六大基本要素，其中任何一个环节都离不开旅游从业人员所提供的服务，服务质量的高低直接影响旅游者对旅游活动的评价，所以旅游服务心理也是旅游心理学研究的重要内容。旅游服务心理分析旅行社、饭店、旅游交通、旅游购物等旅游服务环节中的游客心理和相应的服务策略，同时还介绍了售后服务心理。

（三）旅游从业人员心理

旅游企业经营的成败取决于它的管理和服务，由于旅游产品的独特性，服务所占的比例较大，其质量有很大的不确定性，所以对员工素质的要求就更高。管理者在企业管理中就要把员工放在第一位，尊重员工、善待员工，充分调动员工的积极性，这就需要了解员工的心理，提高员工的心理素质。

拓展知识

《国民旅游休闲纲要（2013—2020年）》发布

国务院办公厅关于印发《国民旅游休闲纲要（2013—2020年）的通知》，《国民旅游休闲纲要（2013—2020年）》（以下简称《纲要》）明确提出到2020年职工带薪休假制度基本得到落实的目标。

《纲要》根据《国务院关于加快发展旅游业的意见》制定，目标是积极创造开展旅游休闲活动的便利条件，不断促进国民旅游休闲规模扩大和品质提升，提高国民生活质量。到2020年，职工带薪年休假制度基本得到落实，城乡居民旅游休闲消费水平大幅增长，与小康社会相适应的现代国民旅游休闲体系基本建成。

《纲要》提出保障国民旅游休闲时间，落实《职工带薪年休假条例》。鼓励机关、团体、企事业单位引导职工灵活安排全年休假时间，完善针对民办非企业单位、有雇工的个体工商户等单位的职工的休假保障措施。加强带薪年休假落实情况的监督检查，加强职工休息权益方面的法律援助。在放假时间总量不变的情况下，高等学校可结合实际调整寒、暑假时间，地方政府可以探索安排中小学放春假或秋假。

《纲要》要求改善国民旅游休闲环境，稳步推进公共博物馆、纪念馆和爱国主义教育示范基地免费开放。城市休闲公园应限时免费开放。稳定城市休闲公园等游览景区、景点门票价格，并逐步实行低票价。落实对未成年人、高校学生、教师、老年人、现役军人、残疾人等群体实行减免门票等优惠政策。鼓励设立公众免费开放日。逐步推行中小学生研学旅行。

《纲要》重点体现了提倡绿色旅游休闲理念、保障国民旅游休闲时间、鼓励国民旅游休闲消费、丰富国民旅游休闲产品、提升国民旅游休闲品质五大亮点。

任务二　熟悉旅游心理学的研究方法和意义

☞ 情境设计

经过一段时间的培训，李红已经具备了从业的基本素质。旅行社经理布置给她一项新工作，让她搞个市场调研，针对本地区旅游市场的大学生群体的旅游动机进行调查，并写出调研报告，提交外联部，以便为下一步的旅游线路设计和宣传做好前期工作。李红接到任务后，与几个同事一起着手准备，对于第一次接手的这项工作，李红既兴奋又有些不安，不知道结果会怎么样。

根据以上情境，完成下列任务：

1. 讨论上文中提的市场调研用什么方法来完成。

2. 讨论对于这个调研结果的预期。

☞任务分析

旅游心理学是一门应用性较强的学科，其研究方法也较为丰富，每种方法都有不同的适应范围，也各有优点和不足，掌握科学的研究方法，恰当地运用，才能够得到科学的结论，更好地指导实践。

一、旅游心理学的研究方法

旅游心理学既有很强的理论性，又有广泛的实践性，在进行研究时必须遵循客观性原则和理论联系实际的原则，掌握科学的研究方法。旅游心理学的研究方法主要有下列几种：

（一）观察法

观察法是在自然情况下，有计划、有目的、系统地直接观察被观察者的外部表现，了解其心理活动，进而分析其心理活动规律的一种方法。其优点在于能保持被观察者的心理及行为的自然性和客观性，所得到的材料客观、真实；缺点是由于研究者处于被动状态，只能消极地等待其所需要的现象发生，对所观察的现象不易做定量分析。

观察法是旅游心理学研究中运用较为普遍的方法之一。如想了解不同国籍旅游者的饮食特点，就可以运用观察法。首先，做好具体的观察计划，包括了解入住游客的基本信息，以此对他们的早、中、晚餐进行观察，观察他们点菜、就餐的偏好和习惯，外出就餐的次数、时间等具体信息。然后，要求服务人员按照计划认真观察，完成既定观察任务。最后，对这些信息进行整理和分析，从而总结不同国籍游客的饮食特点，以便有针对性地进行服务。

拓展知识

观察者偏见

观察者偏见是由于观察者个人的动机和预期导致的错误。通常人们看见的、听到的只是他们所预期的，而不是事实的本来面目。在20世纪初，一位重要的心理学家雨果·蒙斯特博格给大量听众，包括很多记者进行过一次关于和平的演讲。事后，他以如下方式对记者的见闻进行了总结：

“这些记者坐在离讲台很远的地方。一个人写道，听众对我的演讲感到非常惊讶，会场上鸦雀无声；另一个写道，我经常被大声的鼓掌打断，在我演讲的最后，鼓掌持续了几分钟的时间；一个人写道，在我的对手讲话的时候，我经常微笑着；另一个人则注意到我的脸保持严肃，没有一丝笑容；一个人说我的脸由于激动变得紫红，另一个人则发现我的脸变得惨白。”

记者们带着他们的政治观点来做解释是非常有趣的，我们可能会理解为什么记者“见到了”他们所做的。

（资料来源：理查德·格里格.心理学与生活［M］.北京：人民邮电出版社，2003.）

（二）实验法

实验法是指有目的地、严格控制或创造一定的条件，人为地引起某种心理现象，从而对它进行分析研究的方法。实验法又分为实验室实验法和自然实验法。实验室实验法是在专门的实验室内借助各种仪器进行的，所得到的结果相对较准确，但操作起来难度较大，旅游心理学研究中较少使用。自然实验法是由研究者有目的地创造一些条件，在比较自然的真实条件下进行的，所得到的结果比较接近实际。它兼有观察法和实验室实验法的优点，在旅游心理研究中运用相对较多。如在餐厅服务中，通过研究服务人员采用不同的服务方式对游客就餐行为的影响，以解决服务工作中的问题，提高餐饮服务的质量和效率。

（三）调查法

由于旅游业具有服务对象流动性大、逗留时间短的特点，对旅游者的心理现象常常不可能进行深入的了解或直接观察。因此，可采用收集有关资料、间接了解被研究者心理活动的方法，这就是调查法。

调查法指对不能直接观察到的心理现象，通过调查、访问、谈话、问卷等方法收集有关资料，从而间接了解被试者的心理和行为的一种方法。调查法主要包括谈话法、问卷法等。

谈话法是通过研究者与调查对象面谈、收集口头资料的一种调查方法。这种方法具有直接、灵活、适应性强、效率高等特点。但是，谈话者的谈话技巧、知识与能力、性格等会直接影响调查的结果。

问卷法是通过被调查者回答一定的问题来研究其心理现象的一种方法。如饭店发放的“客人意见调查表”，收集游客对饭店的前厅、餐饮和客房的意见，以改进服务质量。问卷法的优点是能同时进行大规模的群体调查，快速收集大量资料。

但调查法不大适于对行为的调查，且对涉及态度问题的回答未必完全真实，所以对得到材料的价值要酌情分析。

（四）测量法

测量法是指运用标准化的心理测验量表或精密的测量仪器，以引起人们作出的某种行为，并通过这种行为间接推断出人们某种心理特征的手段。

测量法可以用于测量旅游者的心理特征与该旅游者旅游行为的关系，也可以用于对旅游从业人员进行心理测试，以研究服务心理与服务行为的关系，在研究旅游企业员工心理方面具有积极作用，从而为旅游企业的人力资源管理提供依据。

二、研究旅游心理学的意义

随着旅游业的快速发展，旅游心理学已经得到人们的普遍认可和重视，它的有关理论在旅游研究中产生了较大影响，在旅游服务中尤为重要。研究旅游心理学具有以下重要意义：

（一）有助于提高旅游服务质量

旅游业是服务性行业，从业人员的服务质量直接影响着旅游者对旅游活动的评价。旅游心理学是揭示人的心理规律的学科，学习和研究旅游心理学有助于旅游从业者根据旅游者的行为，分析和了解旅游者的心理活动，从而有针对性地提供服务，以满足不同旅游者的心理需求。近年来，中国游客出境游增长迅速，成为欧洲市场的重要客源。针对中国游客的消费习惯，欧洲的机场等地也推出了支付宝付款的二维码，方便了中国游客的购物行为，如图 1-3。这些都可以使旅游者产生积极、愉快的心理体验，形成美好而深刻的印象。

图 1-3　奥地利维也纳国际机场的购物中心

（二）有助于提高旅游企业的管理水平

近年来，我国旅游业发展迅猛，水平不断提高，规模日益扩大，旅游企业间的竞争也日趋激烈。旅游企业要想在市场竞争中立于不败之地，就必须依赖科学的经营与管理。学习旅游心理学，可以帮助我们研究旅游者的心理变化特点和规律，预测旅游者的行为，开展有效的市场宣传活动，及时调整企业的经营方针和策略；有助于管理者了解企业员工的气质特点、性格特征、能力等，对每位员工进行合理的安排，使人尽其才，有效地提高管理水平；也有助于管理者了解员工的心态和心理需求，做到关爱员工、尊重员工，从而采用适当的激励措施激励员工，使其获得强大的精神力量，从而提高旅游企业的综合竞争力。

（三）有助于科学、合理地开发旅游资源和安排旅游设施

旅游资源的开发和旅游设施的安排是以旅游者的需求特点为前提的，是以能否满足旅游者的需要为制订方案的依据。旅游景区的设计和开发，首先要考虑是否对旅游者产生吸引力，在开发和利用的过程中，要依据旅游者的心理特点，充分考虑旅游者的兴趣爱好、认知规律、知觉特征、审美习惯等。旅游业的相关设施，无论它现代化程度多高，只有在充分考虑到旅游者生理和心理特点的前提下，才能论证和发挥它的科学性与实用性。旅游者从大都市外出旅游，希望住的可能并不是商务酒店，而是富有特色的休闲度假酒店，如图 1-4。所以，研究旅游心理学，了解和掌握旅游者的心理对旅游资源的开发与旅游设施的安排起到至关重要的作用。

图 1-4 广西桂林阳朔一民宿，带有家的味道的接待大厅

（四）有助于提高旅游企业从业人员的心理素质和职业素质

学习旅游心理学有助于旅游从业人员正确认识和了解自己，发展和完善自己，学会调节和控制自己的情感，培养良好的职业心理素质，增进团队的集体相容性和吸引力，从而提高旅游企业的凝聚力和工作效率，加强旅游企业的文化建设。此外，学习旅游心理学还可以使员工正确认识工作对象，把握工作对象的心理特点和差异，增强工作准备性和从事旅游职业工作的信心。例如甘肃敦煌的鸣沙山月牙泉景区，当地特色旅游项目是滑沙，许多旅游者在游玩中丢失手机，景区派出所的一项工作就是帮游客挖手机。他们每年能在沙漠中挖出百余部手机，帮助游客在沙中找回手机的成功率有六七成，因此成为“网红派出所”。

案例分享

云台山“云上的院子”，探索残砖废瓦的美学

在河南省焦作市云台山景区附近，有一所“云上的院子”，如图 1-5、1-6。“云上的院子”隶属于焦作市修武县西村乡金坡岭村，原是一个破败的“地主家大院”。1990 年以前，这儿曾经是村里的学校，1990 年之后，学校彻底荒废，一栋栋老屋坍塌。设计师就在残砖废瓦中探索乡土情怀。耗时两年有余，一栋一栋饱经风霜的老屋被小心翼翼地重新解构搭建，重获生机，这一切最终促成了“云上歌谣、茶映夕照”的新生。“云上的院子”成了极具太行特色的艺术小镇，树立了北方民宿的标杆，也带动了周边的旅游和服务。

分析：旅游者消费心理是旅游心理学研究的重要内容，也是旅游企业经营的出发点和立足点。修武县政府和设计师因地制宜，结合现代旅游者生活工作节奏快、心理压力大的特点，设计了一个充满家的味道的民宿，让浮躁的内心静下来，让忙碌的日子闲下来，让来去匆匆的身影留下来……民宿，有乡愁记忆，有文化传承，更有家的味道。“云上的院子”由此获得了成功。

图 1–5　云台山“云上的院子”外景

图 1–6　云台山“云上的院子”客房

分析：旅游者消费心理是旅游心理学研究的重要内容，也是旅游企业经营的出发点和立足点。案例中企业管理者以旅游者的需求为餐饮设计的出发点，把地方文化和餐饮有机结合，获得了成功。

思考与练习

一、填空题

1. 心理学的形成标志是______年，______在德国莱比锡大学建立了世界上第一个______。

2. 旅游心理学的研究内容有________、________、________。

二、选择题

1. 心理学研究的主要内容（　　）。

A. 心理过程　　B. 意识　　C. 个性心理　　D. 注意

2. 旅游心理学的研究对象有（　　）。

A. 旅游者的心理和行为　　B. 旅游从业人员的服务心理和行为

C. 旅游企业的心理和行为　　D. 旅游地居民的心理和行为

3. 旅游心理学的研究方法主要有（　　）。

A. 观察法　　B. 实验法　　C. 调查法　　D. 测量法

4. 精神分析学派的创始人是（　　）。

A. 华生　　B. 弗洛伊德　　C. 马斯洛　　D. 冯特

三、判断题

1. 心理学成为独立科学的标志是 1879 年德国心理学家威廉·冯特在莱比锡大学创建了世界上第一个心理学实验室。（　　）

2. 中国古代就有丰富的心理学专著。（　　）

3. 旅游心理学是一门应用学科，是将心理学的基本理论与方法运用于旅游活动的研究中。（　　）

四、问答题

研究旅游心理学的意义是什么？

项目二 洞悉旅游消费的动因

学习目标

1. 了解动机的概念、分类；
2. 掌握旅游动机产生的原因、客观条件，特点、分类及功能；
3. 掌握激发旅游动机的策略。

项目分析

研究旅游行为，首先就要回答人们为什么旅游，为什么要选择不同的旅游活动和旅游目的地等。这就涉及旅游动机问题，动机是人们行为的动力，旅游行为的产生来源于旅游者的旅游动机。在本项目中，我们将通过对动机的研究，从中得出旅游动机产生的原因和客观条件、分类及其功能，进而指导我们如何激发旅游者的旅游动机。

任务一 了解旅游动机

☞ 情境设计

李红经过一段时间的学习和实践，已经能够胜任旅行社的各项工作。今年1月，她接到了带团去海南的任务，她既兴奋又紧张，希望用学到的知识来完成好工作。海南团的游客来自不同的地区，职业不同，李红非常注意观察游客的行为。在这个团里有两个大学生小李和小王，他们第一次去海南旅游，心情非常激动，他们热烈地畅谈着去海南旅游的理由。

小李说："我从来没有见过大海，听说三亚的亚龙湾、大东海的海水碧蓝碧蓝的、清澈见底，看了三亚的海，哪里的海都不是海了！你想象一下啊，灿烂的阳光，翠绿的椰树，银色的沙滩，碧蓝的海水……真是人在画中游啊！"

"行了，行了，就显摆你那点浪漫吧！"小王说道，"早听说海口的骑楼建筑还有不少，我们到海口去欣赏那些古典建筑，领略一下南洋小楼的风情，看看与我们这里的老建筑在风格上有什么差别，然后再去看大海！”李红听到他们的议论，暗自思考。

根据以上情境，思考下列问题：

1. 人们为什么要去旅游？

2. 即使同去海南，为什么小王和小李的旅游目标也有差异？

☞ 任务分析

人们的活动积极性根源于其需要，需要是人们活动的根本动力。正是个体的这种或那种需要，推动着人们在某个方面进行积极的活动。同样，旅游也是源自人们各种各样的需要，正因为需要的多样性，所以人们会选择不同的旅游目的地，也有不同的旅游行为。

一、动机的概述

（一）什么是动机

动机，就是发动和维持人的活动，并使其指向某一目标的心理过程或内部驱动力。

当人处于不平衡状态时，就会产生某种需要，这种需要会激发人的内在动力，即动机。在动机的支配下，人们可以找到满足需要的目标，在目标确定后进行满足需要的活动或行为。当行为完成时，需要就获得了满足感，解除生理或心理的紧张状态，个体恢复平衡状态。伴着个体活动的开展，新的需要产生，并刺激新的动机产生。这个过程如图 2-1 所示：

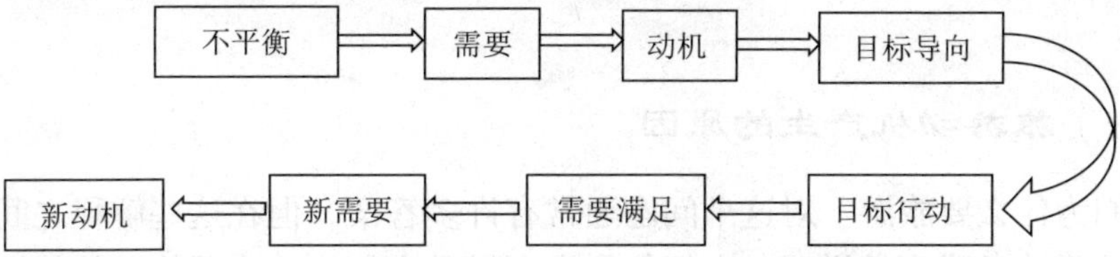

图 2-1 动机产生的过程

动机是在需要的基础上产生的，受到外界环境刺激的影响，某种需要演变为不同的动机。无论物质需要还是精神需要，它总是以意向、愿望指向具体的对象，从而激发人们产生具体的动机。

（二）动机的分类

1. 根据动机的起源，可以把动机分为生理性动机和社会性动机

生理性动机是指建立在生理本能基础上的、原始的、与生俱来的动机，如对食物、空气、水等的需要，它推动人的活动、去满足人的自然性需要；社会性动机是经过后天的社会化过程，在社会文化需要的基础上发展起来的动机，如劳动、求知、审美等。

2. 根据动机的诱因，可以把动机分为内部动机和外部动机

内部动机是指个体由于自身的认知和情感而维持的动机，如喜欢开车又喜欢大自然的人，就容易产生节假日自驾游的动机；外部动机是指受到主体外的刺激而出现的动机，如宣传、激励、促销等活动导致的动机。

3. 根据动机的影响范围和持续作用的时间，可以把动机分为远景性动机和近景性动机

远景性动机是指与远大目标相联系，并持续作用时间较长的动机，如学生为了成为国家的有用之才而努力学习；近景性动机是指与能直接感受到的目前的具体目标相联系的动机，如为了散心而去旅游。

4. 根据动机内容的性质，可以把动机分为高尚的动机和卑劣的动机

高尚的动机是指有积极意义的、符合社会伦理道德的、有利于社会发展的、促进个人成长的动机；卑劣的动机是指意义消极的、违背社会伦理道德的、不利于个人发展的动机。

二、旅游者的旅游动机

如前所述，动机是人行为的直接的内在原因。据此我们可以得出，旅游动机是指直接引发、维持个体的旅游行为并将行为导向旅游目标的心理动力。那么这种心理动力是什么呢？对这个问题的回答，便意味着解决了人们旅游的真正的直接原因。

（一）旅游动机产生的原因

人们为什么要旅游？对这个问题通常有许多答案，但在这些解释之间彼此存在什么关系缺乏明确的说明。它们往往没有触及人们为什么要旅游的较深刻的心理原因。其实，旅游行为的产生，其直接的心理动因是人的动机，而如上所述，隐藏在动机背后的真正原因则是人的需要。

动机是在需要的基础上产生的。因此，要研究旅游者的动机，就离不开对旅游者需要的研究，对旅游需要的探讨有助于加深我们对旅游动机的理解。

1. 需要的概念

需要是个体缺乏某种东西时的一种主观状态。它是客观需求的反映，这种客观需求既包括人体内的生理需求，也包括外部的、社会的需求。

人是自然属性和社会属性的统一体，对其自身和外部生活条件有各种各样的要求。当某种生理或心理因素缺乏之时，就导致生理或心理上的匮乏状态。当这种匮乏状态达到一定程度，必须进行调节时，个体就感到需要的存在，进而产生恢复平衡的要求。首先是生理平衡，人体内必须不断补充一定的能量才能生存，如食物、水等。这些能量的吸入量由体内复杂的生理系统进行调节，维持着人的生理平衡状态。以饮食调节为例，人的生理调节机制时刻检测着食物和水的数量、摄入时间。当达到某种临界值时，便产生某种生理需要，人受到激发从而产生饮食行为。其次是心理平衡。人的生理失调主要在于有机体内部的刺激，而心理失调主要取决于有机体外部的刺激，这种外部刺激既有物质的，又有精神的。当心理失衡时，个体就产生心理平衡的需要，如有爱的需要、求知的需要、审美的需要等。

拓展知识

需要的特征

1. 对象性。需要总是指向某种具体的事物。换言之，需要总是和满足需要的目标联系在一起。比如，人饿了就要寻找食物；渴了就要寻找水；冷了就要寻找衣服等。需要一旦实现，就能给人们带来生理或心理上的满足。离开了目标和对象，就无从观察和研究人是否具有某种需要。

2. 紧张性。需要是个体在生活中感到某种欠缺而形成的某种心理状态。当某种需要产生后，便形成一种紧张感、不适感或烦躁感等，从而在人脑中形成某种需求。

3. 驱动性。人们为了消除生理或心理上的紧张，构成寻求满足需要的驱动力，推动着人们去行动，以求得生理或心理上的平衡。

4. 层次性。人的需要是有层次的，先是满足最基本的生活需要，而后是满足社会和精神需要，人们的需要总是不断地由低级向高级发展。

5. 发展性。人的需要随着社会生产力的发展和物质文化水平的提高而发展。这不仅体现在需要的标准处于不断提高层面，而且体现在需要的种类处于日益复杂多样化的状态下。

2. 需要的主要理论

（1）需要层次理论。人类的需要一直是心理学家们研究的对象，并产生了有关需要的不同理论，其中马斯洛的需要层次论影响较大。

美国人本主义心理学家马斯洛在 1943 年出版的《调动人的积极性的理论》著作中提出了"需要层次论"，如图 2-2。这一理论近几十年来一直是国外心理学家试图解释需要规律所依据的主要理论。

马斯洛把人类行为的动力从理论上和原则上进行了系统的整理，提出了需要层次论。马斯洛把人的多种多样的需要归纳为五大类，并按其发生的先后次序分为五个等级：

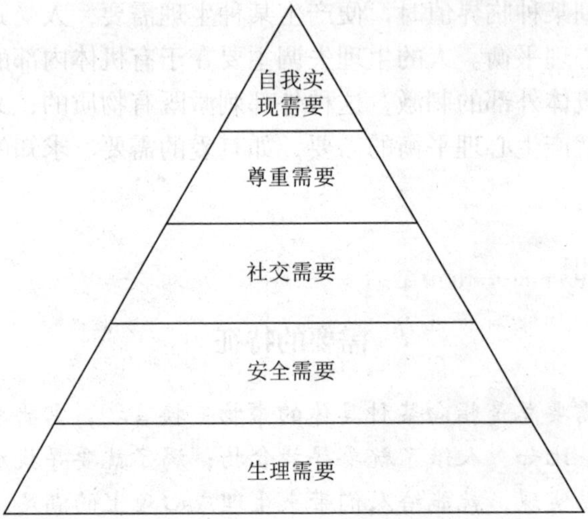

图 2-2　需要层次论

①生理需要。这是个人生存的基本需要，如吃饭、穿衣、居住、医疗等，若得不到满足，则有生命危险。由此看来，这是最强烈和不可避免的最底层需要，也是推动人们行动的强大动力。当一个人有多种需要时，例如同时缺乏食物、安全和爱情，总是缺乏食物的饥饿需要占有最重要的地位，这说明当一个人为生理需要所控制时，那么其他需要都被推到次要地位。

拓展知识

高温"烤验"传统观光游

近几年，安徽各地连续的高温天气让传统观光旅游遭受了严峻"烤验"。徽园是合肥市接待量最大的景区之一，但作为新建景点，大树少绿荫不足，地面温度太高，难以留住游人。7月的高温天气使景区白天只有几十名游客。与之形成鲜明对比的是，岱山湖的休闲别墅区受到追捧，游客需要预订该度假区的休闲活动。

高温天气，观光游与休闲游“一冷一热”形成鲜明对比，说明旅游目的地的消费环境对旅游动机有着重要影响，优先满足旅游者的旅游生理需要，让游客游得舒心十分重要。因此，区域旅游发展需要建设更加人性化的旅游环境。

（资料来源：廖兆光．旅游心理学［M］．成都：西南交通大学出版社，2019.）

②安全需要。这比生理需要高一级，当生理需要得到满足后就要保障安全需要。它包括心理上和物质上的安全保障，如不被盗窃和威胁，预防危险事故，职业有保障，生活有社会保障和退休金等。安全需要要求劳动安全、职业安全、生活稳定，希望免于灾难，希望未来有保障等。

③社交需要（亦称爱与归属的需要）。这是指个人渴望得到家庭、团体、朋友、同事的关怀、爱护和理解，同时对友情、信任、温暖、爱情的需要。人是社会的一员，需要友谊和群体的归属感，人际交往需要彼此同情、互相帮助和赞许。社交需要比生理需要和安全需要更细微、更难捉摸。它包括对交往、爱与情感、为一定群体所接纳等方面的需要。人们通过旅游这一象征性的社会行为，可以摆脱刻板的日常生活，在新奇有趣的旅游环境中，结识新朋友，谋求某些群体的接纳，获得友谊甚至爱情。有时人在旅途，小别家人，对激活或修复已经麻木的亲情，也会有较大的帮助。

④尊重需要。这包括受别人尊重的需要和内在自尊心的需要。尊重需要包括自尊心、自信心，对独立、知识、成就、能力的需要等。尊重需要很少能够得到完全的满足，但一般的满足就可产生推动力。这种需要一旦成为推动力，就将会对人的行为产生持久作用。

在尊重需要的驱动下，旅游者会购买那些昂贵的或非常独特的旅游产品，以标志个人的成功或取得名誉与威望。越是一般人难以承受的旅游行为，就越受到具有强烈尊重需要的旅游者的欢迎。如探索两极、环游世界、征服高山等，这些旅游行为本身就是成就的象征，且可以使旅游者获得独立感、优越感、自信心，有助于满足个人的尊重需要。

⑤自我实现需要。这是最高等级的需要，就是人尽其所能去做某事或使自己的才能得以充分发挥。满足这种需要就要求完成与自己能力相称的工作，最充分地发挥自己的潜能。旅游作为一种极具象征意义的行为，在特定条件下，有助于自我实现需要的满足。一方面，旅游者可以在旅游过程中开阔视野，获得知识，更加深刻地理解自己生活的世界，提高自己的认知能力、审美能力、沟通能力，

丰富自己的情绪和情感，完善自我；另一方面，旅游者可以通过旅游行为充分展现个人的风采、魅力、能力、智慧、身份、地位等，追求个人价值和潜力的实现，从而满足自我实现需要。

人们外出旅游，实际上只是生活场所和生活方式的更换。因此，人们在生活方面的一切需要在旅游活动中都有体现。运用马斯洛的需要层次论可以解释旅游者的很多行为表现，有利于了解旅游者的基本需求规律。

拓展知识

需要层次论拓展

1857 年，马斯洛对自己以前提出来的五个层次的需要进行了补充，认为人们还有认识和理解以及审美的需要。他认为，这两类需要与前面的五个层次的需要并不处于同一层次的发展系统中，而是表现出一种既相互重叠，又相互区别的关系。

认识和理解的需要。这是人人都具备的一种基本需要，即人们对各种事物的好奇、学习，探索事物的哲理，对事物进行实验和尝试的欲望。马斯洛从人们对安全需要的前提出发推论出，人们进行各种学习和探究，其最终目的也包括获得生活和取得安全的方法，洞悉事物的奥秘、满足认识事物的需要是一种令人欢快和幸福的事情，学习和探究事物的奥秘也会是智者自我实现其价值的一种方式，好奇还是儿童的一种天性，儿童从自己好奇的事物中得到最大的快乐。

审美的需要。这是人们对于美的需要，也是一种基本需要，如希望行动的完美，对于事物的对称性、秩序性、闭合性等美的形式的欣赏、对于美的结构和规律性的需要等，都是审美需要的表现形式。

（资料来源：彭运石．走向生命的巅峰［M］．武汉：湖北教育出版社，1999.）

（2）单一性和复杂性需要。多年来，心理学家们一直在争论人们是力求在生活诸领域都保持心理的单一性，还是要追求多样性。其实，这一争论的双方都能帮助我们从另一角度来理解人们旅游的基本原因。

①单一性需要。单一性需要是指人们在生活中总是寻求平衡、相同、可预见性和没有冲突。任何非单一性都会产生心理紧张。因此，人们为减轻心理紧张，便会寻求可预见性和单一性。

按照单一性理论，旅游者在旅游过程中，尽量寻找可提供标准化的旅游设施和服务。因此，人们一般会选择北京故宫、浙江杭州西湖、广西桂林、安徽黄山等非常著名的旅游景点去旅游，还要选择那些知名度高并能提供标准化服务的宾馆饭店。因为标准化旅游服务使旅游者能够预见自己的花费会带来什么样的设施标准和服务。

总之，单一性理论认为人们在期望出现某一件事情的过程中，不要再遇到意料之外的事情。弗洛伊德认为，人们行为的基本目的是减少由非单一性所造成的那种心理紧张。如果人们面临非单一性的威胁，他们就会设法防止这种威胁成为既定事实。如果他们不幸真的遇到了某种意想不到的事情，便会很不舒服。经历了这种感受后，他们以后会更加谨慎，防止再出现非单一性。例如，某旅游者在外出旅游时遇到找不到饭店可以入住、买不到现成飞机票的情况，该旅游者以后再外出旅游时，就可能事先订机票、订客房，或者到旅行社委托办理，有的旅游者可能从此再也不愿意旅游了。

②复杂性需要。与单一性理论相反，复杂性需要是指人们追求新奇、变化等的需求。人们之所以追求复杂性，是因为这些复杂性东西本身就能给人们带来满足。

根据复杂性理论，旅游者将游览他们不熟悉的景点。他们宁愿行驶在偏僻的道路上，并光顾当地的饮食店，也不去人们所熟知的连锁饭馆。而且，他们可能宁可光顾独立经营的旅馆，而不去住一些提供标准化的住宿条件和服务的名牌连锁旅馆。对于希望避免单一性和可预见性的旅游者来说，著名的饭店、众所周知的旅游景点所提供的单一性和可预见性太多了，令其感到厌倦。这类旅游者希望能获得与他们此前经历有所不同的体验。

③单一性和复杂性的平衡。上述单一性需要和复杂性需要这两种概念都能解释在旅游活动中所出现的许多现象，虽然这两种理论看起来前后矛盾，但如果把二者结合起来，就可以帮助我们进一步理解人们旅游的动机和行为。

适应性良好的人们在自己的生活中需要单一性和复杂性两者的结合。单一性通常由人们在家里以及有时在工作中那种有条不紊来提供，因为大多数人在家里可能愿意有相当程度的单一性和可预见性，而工作环境里提供的单一性或者复杂性的程度有很大差别。比如，一个装配线上的工人可能会感到他的工作环境单一，而最高一级的公司行政人员则是在相当多不可预见的、复杂的环境中工作。

人们在家庭和工作中的单一性、可预见性以及不变性，必须用一定程度的复杂性、不可预见性、新奇性和变化性加以平衡。没有任何人能够在一个完全可以预见的世界中正常地生活。在某些时候，一个人会对在家里和工作中所见到的有条不紊的常规与单一性而厌倦起来。一旦厌倦到一定程度，他就需要新奇和变化来抵消厌倦造成的心理紧张。显然，旅游为寻求摆脱厌倦的人们提供了一种较为理想的刺激，它使人们得以变换环境、改变生活节奏，使生活更加丰富多彩。从这个意义上说，旅游对有的人来说是对现实生活的一种逃避。相反，如果一个人长期生活在复杂的环境中，他就需要一定程度的单一性来平衡。比如对有些人而言，即使在旅游度假期间，他所寻求的也只是休息和放松。因此，对他来说，只在湖滨或海边晒晒太阳、看看风景或听听音乐就足够了。

总之，心理学研究成果认为，人们在生活中总是力求使单一性和复杂性保持最佳的平衡状态，使心理维持在一个可以承受的紧张程度。否则，单一性过多，会使人产生厌倦；复杂性太多，又会使人过分紧张，甚至恐惧。

（二）旅游动机产生的客观条件

人类的基本需要同单一性与复杂性之间的矛盾是人们产生旅游行为的动力，也可以说是主观条件，但如果不具备一定的客观条件，人们的旅游行为最终也不会发生。旅游动机产生的客观条件大致有以下几方面：

1. 经济条件

旅游是一种消费行为，需要有一定的经济基础，有支付各种费用的能力。当一个人的经济收入仅能够维持本人基本生活需要时，那么他就不会有更多的财力去支付旅游开销，也就不能产生外出旅游的动机。经济越发达，国民收入越高的国家和地区，外出旅游的人数越多，反之越少。有关统计资料表明，当一个国家或地区的人均国民生产总值达 800~1000 美元时，国民将普遍产生在国内旅游的动机；达 4000~10 000 美元时，将产生出国旅游的动机。

2. 时间条件

时间对旅游消费行为的影响往往大于金钱，其缘由是每个人所支配的时间是固定不变的。旅游行为发生在闲暇时间内，闲暇时间是保持身心平衡的因素。人们自由安排的时间不是工作之外的全部时间，它只是其中的一部分，一个人闲暇时间的多少是因人、因家庭、因经济条件而异的。旅游是在一定的时间和空间内进行的，没有时间，旅游就不可能发生；但有了时间，人们也未必去旅游。

时间对旅游的影响，不仅指没有时间人们不可能去旅游，还包括时间的压力对人的旅游消费行为的影响。在一个经济发达的社会里，时间是一种很珍贵的资源，人们深受埋头苦干、勤奋工作的道德观念的影响，不愿意将时间花费在无用的、不出成果的事情上。平时，他们往往都舍不得割舍，把生活的步子加快到疯狂的程度，在度过他的“空闲”时间时，他像平时一样，也要有所收获，他们外出旅游时，也要像往常那样充分利用每一秒。在旅游活动中，许多旅游者选择飞机作为交通工具，乘坐汽车观赏沿途风光，从一地匆匆赶到另一地度假、游览，都是为了节约时间，因为要在限定的时间内结束计划中的一切活动。所以，时间压力也在影响着人们对旅游活动的选择。

3. 其他社会条件

旅游作为现代人的一种生活方式，不可能脱离社会背景而单独存在。社会条件主要指旅游所在国家或地区的经济状况、文化因素以及社会风气等社会因素。

（1）旅游业的整体发展水平。一个国家的旅游发达程度同该国或其所处地区的经济水平成正比。只有当整个国家或地区的经济发达时，才有足够的实力改善和建设旅游设施，开发旅游资源，促进交通运输业的发展，从而提高旅游综合吸引力和接待能力，激发人们的旅游兴趣和愿望。

（2）团体、家庭和社会风气。团体或社会压力会影响人们的旅游动机。比如单位集体组织的旅游活动，或是奖励旅游行为等，对个体参加旅游活动都有一定的吸引力，使人们不自觉地产生旅游愿望，并进而产生旅游行为。

家庭是一个人最基本、最重要的所属群体，它对人们的旅游消费行为产生直接和长远的影响，其主要表现为家庭的结构及阶段对人们旅游消费行为的影响，如新婚夫妇与有小孩的家庭在出游动机上存在着明显的差异。

社会风气也能影响人们的旅游动机。同事、朋友、邻居的旅游行为和旅游经历，往往能够相互感染，或者形成相互攀比的心理，使人们产生同样外出旅游的冲动，形成一种效仿旅游行为。

拓展知识

后疫情时代旅游者消费需求变化

2020 年，一场突如其来的疫情影响了人们的生活观念、生活方式。受疫情影响，人们在做出旅游计划和决策时会更加谨慎，对服务品质和风险防范的关注程度更高。

2020 年 4 月下旬，据中国社会科学院旅游研究中心等机构的网络调查显示，疫情之后，尽管人们计划周边游的次数最多，但就增长情况而言，预计跨省游的人均出游次数及相关支出预算增长最多。疫后出游，旅游者对旅游目的地知名度的重视程度较以往预计会有所降低，且会更加在意社会治安和卫生状况等因素，对旅游场所和旅游企业的应急措施、退费政策、旅游保险等的关注程度显著提升，餐饮服务标杆企业、具备良好卫生条件的安心酒店和安心航班等会更受青睐。在选择目的地和旅游产品时，人们对旅游保险、售后保障等能够降低风险的措施更加关注，对应急救援信息推送、客流预警及疏导信息、一码通等数字身份识别服务等方面的公共服务需求更多，对景区自主导览、智能讲解、交互式小程序、人脸识别、客流检测、预警与疏导系统等的接受程度更高。这些心理层面和行为层面的变化应引起旅游目的地和相关旅游企业的充分关注。

（三）旅游动机的特点

1. 内隐性

所谓内隐性，是指旅游者由于某种原因将主导动机或真正的动机隐藏起来。动机是人的内在心理活动，由于主体意识的作用，往往使动机形成内隐层、过渡层、表露层等多层次结构。而在一些较复杂的活动中，主体常常用一些次要动机将真正动机掩盖起来。在旅游活动中，这种情况也不少见。比如，有的旅游者到一个非常著名的旅游景点旅游，他的真正动机可能是赢得某种地位或声望，但当别人问起的时候，他可能会说只是为了放松一下连日来的紧张心情。

2. 复杂性

旅游动机的复杂性，主要表现为旅游动机的组合性和冲突性。引起人们进行旅游活动的可能是一种旅游动机，也可能是多种旅游动机，这便是旅游动机的组合性。例如我们常说的商务旅游，就是旅游动机组合性的一个典型例子。引起旅游行为的多种旅游动机有时会相互冲突甚至抵触，从而出现引起旅游者左右为难的情形，我们称之为动机冲突。动机冲突的现象很普遍。例如，有时旅游者既想去某个旅游地欣赏自然风景，又想到另一个旅游地参观某个大型画展，由于两种选择都有可取之处，对于那些优柔寡断的旅游者来说，这种动机的冲突性往往会使其产生矛盾心理。

3. 转移性

旅游动机的转移性，是指旅游者的主导性动机和辅助性动机在一定条件下相互转化的情形。如上所述，旅游者的旅游动机往往不是单一的。在存在多种旅游动机的情况下，如果发生一些意外情况，则会使主导动机发生转移。例如，旅游者在进行旅游决策过程中，或者是由于经济条件所限，或者是由于在向某个旅行社咨询问题时，受到了较为不友好的接待，那么就很容易使旅游者的主导动机受到压抑，而辅助动机则可能会发生转化。

4. 实践性

一般来说，动机不是朦朦胧胧的意向，而是已经与一定的作用对象建立了某种心理上的联系。所以动机一旦形成，必将导致一定行为的发生。旅游动机也是如此。旅游者一旦形成某种旅游动机，必将进行旅游决策，促使旅游行为的发生。

（四）旅游动机的分类

人们外出旅游的动机常常是多种多样的，这一方面是因为人们的需要复杂多样，另一方面是因为旅游本身就是一种复杂的、综合性的社会活动。所以，旅游动机的种类也就多种多样。根据旅游业发展的情况，结合当今旅游者的活动表现和种种旅游行为，将人们的旅游动机分为以下几种。

1. 健康娱乐

健康是历史最悠久的旅游动机之一。人们都有健康长寿的愿望。在紧张的生活和工作之余，为了消除身体的疲劳和心理上的紧张感、枯燥感，使身心得到放松，人们就会到外地去旅游，通过休息、休养来恢复和增进健康；通过游玩、娱乐暂时忘却烦恼，以保持心理平衡。具有健康、娱乐动机的旅游者，在旅游目的地和旅游活动项目的选择上，主要选择那些能够调节人们身心的活动和增进身心健康、使人全身心投入的活动。如轻松愉快的参观游览、不太剧烈的体育健身活动、各种休养治疗活动，以及令人开怀的文化娱乐活动等。例如世界各地有许多温泉疗养地、海滨浴场变成了度假地，成了恢复和增进人们身心健康和逃避城市喧嚣的旅游场所，如图 2-3 所示。

图 2-3　南非开普敦的海滩

2. 好奇探索

好奇心是驱使人们外出旅游的重要动机之一。好奇心易引起人们的心理紧张，人们便会设法去满足好奇心，即使某些旅游活动具有某种程度的冒险性，人们甚至不惜为此付出牺牲个人安全的巨大代价。因此，对于旅游者来说，它不仅能促使旅游消费行为的发生，还能引导旅游者在世界各地寻求不同的经历和体验。旅游又是一个游戏世界，充满乐趣和神秘色彩，是满足人们好奇心的舞台和乐园。

3. 学习和体验

旅游是一种综合性的文化活动。古人云：读万卷书，行万里路。旅游过程是一种吸纳丰富多彩的文化的过程，更是一种重新学习和重新体验生活的过程。从历史上看，学习与体验是人们外出旅游的重要原因之一。在当代，研学旅游是一种时尚。在旅游活动过程中，旅游者通过欣赏审美对象，获得了与审美对象有关的文化内涵，进而引起旅游者文化知识的增加与熏陶，提高了审美主体的文化修养，给旅游者增加了精神食粮，扩大了文化视野，从而达到旅游审美体验和美育、德育的目的。如歌颂母慈子孝之德的“劈山救母”传说就表现出一种倡导人伦教化的道德之美，从不同的侧面给人以悲剧的审美体验，满足了人们惩恶扬善的心理与好事多磨的感叹。

拓展知识

郑州文化旅游惠民消费促进市场繁荣

金秋时节，天高云淡，硕果累累，绿城风景如画，正是出游好时节。郑州市成功举办文化旅游惠民消费季四季活动，丰富多彩的郑州文化旅游惠民消费季活动融景区门票打折、文化惠民演出、郑州市首届“黄河杯”小剧场艺术节等活动于一体，为市民献上一场场文旅盛宴，为老百姓日常生活增添更多的绚丽色彩。

今年以来，郑州市文化广电和旅游局始终以做好常态化疫情防控和提振文旅消费为中心，把拉动文旅消费作为做好“六稳”工作、全面落实“六保”任务的重要工作，深入开展“三送一强”活动，接连打出“抗疫情、促繁荣”组合拳，推出 5 条沿黄、8 条环嵩山、3 条古都之旅路线，分别在杭州和西安组织两场郑州文旅云推介，通过腾讯新闻直播，吸引逾 320 万网友观看和参与，推动郑州文旅市场加快回暖。来自大数据平台的最新统计数字显示，截至 2020 年 9 月中旬，郑州旅游总人数同比恢复率达 77%，旅游总收入同比恢复率达 85%，旅游总人数排名全国第十，总收入排名全国第十三。郑州“华夏之根、黄河之魂、天地之中、文明之源”的黄河历史文化主地标城市地位日益彰显。

4. 宗教信仰

在欧洲，早在中世纪，当时最具代表性的旅游动机是与朝圣紧密联系在一起的，即寻求精神价值的宗教动机。人们为了信仰，参与宗教活动，从事宗教考察、观礼等旅游活动。这类旅游活动是出自信仰的动机，主要是为了满足自己的精神需要，寻求精神价值。此外，民间还有许多在特定地点举行的祭祀活动，也有许多非信徒在宗教活动时前往参观、考察。许多地方宗教庆典已成为民族传统节目，这些活动都吸引了大批旅游者。

5. 社会交往

社会交往是人之本性，它既是人们需要的层面，也是人们外出旅游的重要动机。它包括在异地结识新朋友，探亲访友，摆脱日常工作、家庭事务等动机。这种动机常常表现出对熟悉东西的一种厌倦和反感，逃避现实和免除压力的欲望。在一个激烈竞争的社会中，人们出于社交需要，往往会有选择地与人群交往，因为与有选择的人群交往最容易取得团体成员的资格，并从团体中得到信心、尊重和地位等。事实证明，旅游是实现社会交往最理想的方式之一。

6. 商务动机

商务动机是指人们为了各种商务活动或公务而外出旅游。比如有些人为了购买商品专程或绕道去某地旅游。另外，参加学术考察、交流，到异地洽谈业务、出差、经商等，都属于商务动机。还有参加政府代表团，以及前往交易会、洽谈会等旅游活动，也都属于此类动机。

7. 地位和自我实现

人人都有受尊重、被承认、被注意，施展才能、取得成就和为人类做贡献的需要。这种需要往往产生巨大的动力，驱使人们去表现、去实现。旅游是满足人们这一愿望的理想形式之一。众所周知，旅游是极富象征意义的产品，它能赋予旅游的人们以地位、声望和与众不同的感受，也能使其他人仰望和羡慕。旅游又是在一个特殊的环境中，在这个环境里，人们可以不受任何的限制和约束，完全可以按照自己的意愿去行事，去体验人生价值，去超越自我，体现自己的个性。事实上，不少人参加旅游活动就是用体现自我价值来满足自我实现的愿望。因而，为了显示地位和自我实现就成为人们重要的旅游动机。

任务二　掌握旅游动机的激发

☞ 情境设计

游客小张是户外运动爱好者，他一直在向李红咨询攀登珠穆朗玛峰的问题，他深深迷恋珠穆朗玛峰那神奇而浪漫的传说。他说："登上珠峰的人虽然肤色不同、信仰不同，但是他们每个人都怀着不达顶峰决不罢休的强烈意愿。珠穆朗玛峰的峰顶是地球上的最高点，它以某种难以名状的原因强烈地吸引着我们，就像地球上的南极和北极以及最深的海洋那样深深地吸引着人们。"李红也被小张的激情所感染，答应把有关珠穆朗玛峰的资料发给他。

根据以上情境，完成下列任务：

1. 是什么因素促使游客小张想要征服珠穆朗玛峰？

2. 针对这类旅游者，旅行社应该怎样设计旅游产品？

☞任务分析

旅游动机的激发，就是要通过设立旅游目标，刺激旅游者的兴趣、需要，激励旅游者积极地参与到旅游活动的过程。游客小张追求的是自我实现的需要，这类游客渴望尽其所能去做一件事，充分发挥自己的潜能，实现自身的价值。旅行社要进行个性化产品的设计，以适合不同需要的旅游者。

一、旅游动机的功能

一般来说，旅游动机具有以下三方面的功能。

（一）激活功能

旅游动机对人们旅游行为的产生具有激活作用。人们在潜意识中有时会出现外出旅游的需要、欲望，但在多数情况下不会轻易产生具体的旅游行为。在一定条件下，当这些需要、欲望达到一定强度时，就会产生旅游动机，它是引起旅游行为的根本原因和动力。

（二）指向功能

一般来说，强烈的旅游动机总是与明确的旅游目标并存。旅游动机表明了人们想去旅游的欲望、倾向，强烈的旅游动机会进一步转化为旅游偏好，即对具体的旅游目标产生肯定的、积极的态度，为旅游决策做好心理上的准备。

（三）强化功能

旅游动机对旅游行为的过程起维持和调整作用。旅游动机自产生之时起，就贯穿于旅游活动的全过程，只要动机不消失，活动就不会停止。它是一种无形的力量，维持着旅游活动的进行，调整着旅游活动的方向。

二、旅游动机的激发

旅游动机的激发，就是刺激人们的旅游兴趣，提高人们的旅游积极性，以促使潜在的旅游者积极参与到现实的旅游活动中。因此，旅游企业只有提高服务质量，努力开发有特色的旅游产品，进行积极、有效的宣传，才能吸引更多的旅游者。

（一）加强旅游企业管理，提高旅游服务质量

首先，加强硬件设备、设施的建设。一方面，硬件设施必须具有一定的数量，

要保证旅游者能进得来、住得下、玩得开、走得动、出得去，才可能充分满足旅游者的需要，从而激发他们的旅游动机。另一方面，旅游设施必须能满足不同类型旅游者的需要。由于人们具有不同的心理特点、生理特点，生活在不同的社会环境中，因此，旅游者有不同的需求。建设和提供旅游设施就要考虑到这些不同的需要，要全面考虑，各方照顾，绝不能单调。例如，社会地位高的上层人士，他们追求豪华奇异的旅游体验，以表现自己的地位和身份；而对被称为“背包族”的年轻旅游者来说，则对旅游设施要求不高，希望以较低的费用满足自己好奇、交往、冒险、求知等旅游的需要。所以，旅游经营者应开发、建设不同档次的旅游设施，为不同的旅游者提供使他们满意的旅游设施，以激发他们的旅游动机。

其次，要努力提高旅游从业者的服务能力。旅游从业者的接待活动是旅游服务的软件，如果旅游从业者不能提供使旅游者满意的旅游服务，那么，再好的旅游产品和旅游设施也难以激发他们的旅游动机。因此，旅游从业者必须具备丰富的业务知识和熟练的服务技能，能够按照服务规范和旅游者的具体要求迅速、灵活、准确、有效地处理工作中出现的问题，为旅游者提供高质量的服务。

（二）努力开发有特色的旅游产品

人们外出旅游的目的之一就是要通过游览名胜古迹、了解风土人情等来满足自己的身心需要，旅游资源有特色才有吸引力。因此，在旅游资源的开发和建设上，就要显示出独特的风格，以别具一格的形象去吸引旅游者。

1. 开发旅游资源体现本真性

为了满足旅游者的求真、求实的心理，要尽可能地保持旅游资源的原始风貌。对旅游设施、旅游景点任何过分的修饰，甚至全面毁旧、翻新都是不可取的。欧洲许多国家都非常重视保持古城原貌，它们修复古城的原则是修旧如旧，如图 2-4 所示。

图 2-4　罗马街头的断壁残垣

2. 发挥旅游资源的突出特点

独特、鲜明的个性特征是旅游资源的吸引力、生命力之所在。因此，在开发和建设旅游资源的过程中，要尽力突出它的个性，并强化它、渲染它，以增加它的魅力。如人人向往的“童话世界”九寨沟，它的美就在于原始、古朴的山水，这就是它的特色和个性，如图 2-5 所示。

图 2-5 九寨沟的青山绿水

3. 提供富有创意的文创产品

文化是旅游产品的核心，缺乏文化创新的旅游产品很快会丧失生命力，被旅游市场所淘汰。文化创新就是要在保持高水平的文化基础上，弘扬地方文化、民族文化。如湖南博物院出售的许多书签都特别富有创意，“君幸尺”书签，如图 2-6，上面的图案是参照了长沙马王堆汉墓出土的“君幸酒”云纹漆耳杯的图案，又有尺的功能，艺术性兼具实用性。

图 2-6 “君幸尺”书签

拓展知识

实景演出成为旅游活动新的吸引力

实景演出运用实景、影像结合的艺术表现形式，成为旅游娱乐活动中的新内容。《大宋·东京梦华》是由实景演出策划人梅帅元创意、张仁胜导演执导，由大型宋文化主题公园——开封清明上河园出品的大型实景水上演出。如图 2–7。《大宋·东京梦华》演出时长 70 分钟，由 700 多名演员参与，呈现了一幅北宋王朝鼎盛时期的历史画卷。整场演出共分为六幕四场，分别为《序·虞美人》《醉东风》《蝶恋花》《齐天乐》《满江红》《尾声·水调歌头》，豪华的场景，经典的宋词，高科技的舞美，带给广大游客的是强烈的视听震撼，生动、真实地再现了北宋京都汴梁的盛世繁荣。

图 2–7 《大宋·东京梦华》实景演出

（三）加强旅游宣传，为旅游者提供信息

通过旅游宣传，旅游者可以掌握充分的旅游信息，认识到旅游产品的真正价值，还可以减少对旅游的认知风险，改变他们的旅游态度，激发他们的旅游动机，帮助他们做出正确的旅游决策。

旅游宣传可以通过各种手段和方式进行，广播、电视、报纸、杂志、广告牌、新闻发布会等是较为普遍的方法。另外，随着智能手机的普及，互联网广告也成为了宣传的重要手段和途径之一。

总之，旅游宣传可以帮助一个旅游企业、一个旅游目的地，甚至一个国家树立良好的形象，对激发旅游者的旅游兴趣、旅游动机具有极其重要的影响。

案例分享

针对儿童的旅游路线和促销

某旅行社通过对市民的心理需求进行调查分析发现，许多家庭出于让孩子增长知识、开阔视野的需要，有带孩子一起出游的愿望，只是苦于没有合适的出游方式。

对此，该旅行社独辟蹊径，专门开辟了一条适合带孩子一起出游的家庭旅游线路。同时，该旅行社一开始就树立“向孩子提供周到的服务而只赚家长旅游的钱”这样的经营思路，通过周到的服务，使家长把花在孩子身上的费用减到最低。如通过与铁路部门积极协调，争取到1.5米以下的儿童享受购票半价并有座位的优惠待遇等。广告一经打出，报名电话便异常火爆。最终，此举赢得了广大游客的普遍称赞。

分析：旅游者的心理需求是产生旅游行为的源泉。了解旅游者的需求，开发对路的旅游产品，进而激发旅游者的旅游动机，这也是该旅行社获得成功的关键。

思考与练习

一、填空题

1. 动机是在________的基础上产生的。

2. 旅游动机产生的客观条件是指________、________、________。

3. 需要层次论的五个等级：________、________、________、________、________。

二、选择题

1. 下面属于按动机起源分类的是（　　）。

A. 生理性动机　　B. 内部动机

C. 远景性动机　　D. 社会性动机

2. 下面不是旅游动机功能的选项是（　　）。

A. 激活功能　　B. 指向功能

C. 强化功能　　D. 促进功能

三、判断题

1. 单一性需要是指人们追求新奇、出乎意料、变化和不可预见等。（　　）

2. 旅游动机产生的根本原因是“需要”的存在。 （ ）

3. 健康是历史最悠久的旅游动机之一。 （ ）

四、问答题

1. 如何理解动机的概念？

2. 需要具有哪些特征？

3. 简述旅游动机的特点。

项目三　触摸旅游者的感知觉

学习目标

1. 掌握知觉的概念、特性及影响知觉的因素；
2. 了解错觉种类、产生原因及在旅游工作中的运用；
3. 掌握影响人际关系的因素及人际知觉中的心理效应；
4. 掌握旅游者对旅游条件的知觉。

项目分析

人们的心理过程始于感觉和知觉，研究旅游者的心理和旅游行为，应该从感知觉开始。旅游心理学的研究成果和旅游业的实践证明，旅游者的旅游目的地印象、旅游动机、旅游需要、旅游决策、旅游活动过程、旅游评价等，都与他们的感知觉过程接受的信息及其心理特征有密切的关系，感知觉是理解旅游者心理和行为的关键因素之一。在本项目中，我们将对感知觉、人际知觉，以及旅游者对旅游条件的知觉进行讨论。

任务一　了解旅游活动中的感知觉

☞ 情境设计

在海南旅游期间，李红发现每个游客的旅游感受都是不一样的，游客小李说："三亚空气质量好，冬天温度适宜，是度假的好地方。"游客小张说："三亚海水脏，没有想象的那么好啊。"游客小王说："三亚自然环境不错，但人文环境不行，没有文化内涵。"为什么同一个旅游线路，大家看到同样的风景，感受却不一样呢？

根据以上情境，完成下列任务：

1. 讨论三个游客为什么有不一样的感受？
2. 针对这种情况，导游应该怎样讲解才能给游客一个较全面的认识呢？

☞ 任务分析

感知觉是人的心理过程的初始阶段，人的一切认识活动都源于感知觉。感知觉是人对事物的直接反映，由于人的认识、个性的差异，在认识客观事物的时候又存在着个体差异，所以不同的人对待同一事物，也有不同的认识。

一、感知觉的概念

（一）何谓感觉

感觉，是指人脑对当前直接作用于感觉器官的客观事物个别属性的反映。人们通过感觉可以认识事物不同的个别属性，如人们靠视觉看到花的颜色和形状，用嗅觉闻到花的香气，用触觉感觉到花的凝润。见图 3-1。

图 3-1 娇艳的鲜花

特别提示

感觉是一种最简单的、低级的心理现象，同时也是人对客观存在的反映，从内容层面来说是客观的，但从形式角度而言是主观的。

人们通常把感觉分为两大类：外部感觉和内部感觉。外部感觉的感觉器官位于肌体外部，接受肌体外部的刺激，反映外部事物个别属性的感觉，主要包括视觉、听觉、嗅觉、味觉、触觉等。内部感觉的感受器官位于肌体内部，接受肌体内部的刺激，反映内脏器官、身体平衡以及自身状态的感觉，主要包括运动觉、平衡觉和肌体觉，见表 3-1。

表 3-1　感觉的分类

感觉类型		感觉器官	感觉刺激	功能
外部感觉	视觉	眼睛	光波	看东西
	听觉	耳朵	声波	听声音
	嗅觉	鼻子	气味	识别气味
	味觉	舌头	味道	感觉物质味道
	触觉	皮肤	物理压力	感觉硬度、形状等
	痛觉	肉体	疼痛	生命安全
	温度觉	皮肤	温度	生命安全
内部感觉	肌体觉	内脏器官与大脑	食物、水、体内失衡	吃、喝
	运动觉	所有感官与大脑	身体运动	日常行动
	平衡觉	内耳中的前庭	身体重心	身体平衡

在这些感觉中，视觉对人的认识作用最大，在人接收的外部信息中，80%~90% 都是通过视觉获得的，听觉次之。在旅游活动中，旅游者用眼睛看尽天下美景。来自乡村的旅游者因看到大都市的高楼大厦、购物中心、流行时尚而兴奋不已，而城市旅游者却因看到田园风光而激动愉悦。世界上到处都有山和水，为什么桂林、九寨沟的景色会让人感觉特别美呢？就是因为那儿的山水变化多样，且搭配组合令人悦目，四周景色皆令人耳目一新。而平淡辽阔的大草原和单调的大海却因能扩展人的视野，给游客一种心胸开阔之感，同样具有吸引人的魅力，见图 3-2。“有声有色”是一种审美境界，开发旅游产品、创新旅游服务也要从听觉角度去探索如何满足旅游者。对于久居都市的人来说，自然界的风声、水声、鸟儿的鸣叫、野兽发出的声音以及旅游地的山歌、音乐、口音等都是人们心灵渴求的，加上导游的精彩讲解更能打动人心。所以，旅游并不完全是在默默地深思和欣赏，人们的听觉蕴藏着一个巨大的市场。游客感知旅游目的地新环境时，嗅觉是最敏感的感官，好的气味能使游客产生振奋、愉悦、幸福、舒适、轻松、自然、安全的感觉。旅游地可以设置不同的嗅觉体验，既有泥土的清新气息，又有绿色植物的自然清香，甚至还有餐饮的香味，让游客流连忘返。品尝异国他乡的美食也是旅游中的一大享受，旅游地要高度重视饮食文化，给游客良好的味觉体验，见图 3-3。触觉，可以让游客与大自然亲密接触，比如温泉

浴，可以给游客带来良好的触觉体验，身心得到放松。旅游者很重视气候、季节等因素，温度适宜的时节和地区是他们的首选旅游目的地要素之一。人们习惯于日常的固定运动模式，而通过新的动觉、平衡觉刺激可以获得新的体验，增加旅游者的旅游热情。蹦极、攀岩、滑水、冲浪、过山车等游乐项目都是通过刺激人们的神经紧张兴奋，激发人们体内的热情和能量，考验人的胆量和意志。

图 3–2　内蒙古大草原

图 3–3　美味的牛肉

（二）何谓知觉

知觉是指人脑对直接作用于感觉器官的客观事物整体的反映。知觉是在感觉的基础上把所有感觉到的信息加以综合整理，从而形成对事物的完整印象。例如，旅游者看到了秀美的山峰，清澈的江水，听到船夫悠扬的歌声，感受到凉风吹面，闻到江水清新的味道，沉浸在如画的美景中，如图 3-4 所示，漓江成为了人们向往的休闲度假胜地。

图 3-4 桂林漓江

特别提示

知觉是在人的实践过程中逐步形成和发展的。在知觉的形成和发展过程中，语言具有重要作用。知觉还受需要、动机、兴趣、态度等影响。

现实生活中，感觉和知觉很难截然分开。生活、工作、旅游、休闲、娱乐等活动中，感觉很少单独出现，常融合在知觉活动中。通过感觉只能认识事物的个别属性，还不能把握事物的整体；通过知觉，人可以对事物的各个不同属性、各个不同部分及其相互关系进行反映，从而认识事物的整体，揭示事物的意义和本质。通常感觉越丰富、越细致，则知觉就越完整、越准确。人们去吃北京的包子时，通过视觉看到其形状，通过嗅觉闻到其香味，通过味觉品出其味道，最后这些感觉有机组合在我们的头脑中反映出这是北京的包子而不是开封的“灌汤”包子。

知觉有一般知觉和复杂知觉两类。依照知觉过程中起主导作用的分析器来划分，一般知觉可以分为视知觉、听知觉、嗅知觉、味知觉和肤知觉。复杂知觉根据反映对象的性质不同，把知觉分为空间知觉、时间知觉和运动知觉三大类，详见表 3-2。

表 3-2 复杂知觉的类型

种类		特征	形成条件
空间知觉	形状知觉	反映物体的形状	依靠视觉、触摸觉、运动觉来实现并决定于物体的形状
	大小知觉	反映物体的大小	依靠视觉、触摸觉、运动觉来实现并决定于物体的大小和距离
	距离知觉	反映物体离主体的远近	决定于物体和主体的距离
	立体知觉	反映物体的立体特点或者两个物体前后的相对距离	主要决定于双眼视差的技能（远距离则要依靠其他条件）
	方位知觉	反映物体所处的方位	借助于视觉、听觉、触摸觉、运动觉和平衡觉的协同活动来定向
时间知觉		反映客观现象的延续性和顺序性	依靠自然界周期现象和人体自身的节律活动
运动知觉		反映物体的空间位置移动以及移动的速度	主体自身的运动状态和物体的运动状态、运动速度和远近距离

二、知觉的特性

知觉具有选择性、整体性、理解性、恒常性四个基本特性。

（一）选择性

在一望无际的大海上，人们的视觉容易被船只、海鸟（如图 3-5）和白云所吸引，在沙漠中人们容易看到绿洲。当这些丰富多彩、千变万化的事物作用于人脑时，人们总是按照某种需要、目的，主动地、有意识地选择少数事物作为知觉对象，或无意地被某种事物所吸引，以它作为知觉对象，从而对这些事物产生鲜明、清晰的知觉印象，而周围的事物则成为知觉的背景，这就是知觉的选择性。知觉中对象和背景的关系并不是固定不变的，而是依一定的主观条件和客观条件经常转换。

俗语“仁者乐山，智者乐水”就是知觉选择性的体现。山水并存，乐山或乐水取决于人的知觉选择。不同类型的旅游者，其旅游需要和目的不同，在旅游过程中选择的知觉对象也就有各种差别。有人关注奇山异水，有人关注人文古迹；有人喜欢安全系数大的摩天轮，有人喜欢冒险性强的过山车、蹦极等；有人喜欢重峦叠嶂，有人喜欢波澜壮阔的大海。

图 3-5　飞翔的海鸟容易成为人们知觉的对象

（二）整体性

知觉的对象是由不同的部分或属性组成，但人们不把它感知为个别的、孤立的部分，而总是把它感知为一个统一的整体，甚至当事物的个别属性或个别部分直接作用于人们时，也会产生对该事物的整体印象，这就是知觉的整体性。在此过程中，人们过去的知识经验常起到补充信息的作用。

在旅游过程中，旅游者常常是集食、住、行、游、购、娱等旅游活动所包含的各个方面综合进行认识，进而评价某次旅游活动的优劣，当其中某个环节出现问题时容易使旅游者对整个旅游活动产生负面评价。正是由于知觉的整体性，所以无论是旅游景区的规划、旅游线路的设计选择，还是旅游服务的各个部门、各部门内部的各个环节，都要树立整体观念，为旅游者提供完美的旅游服务和产品。

（三）理解性

知觉的理解性，是指人们在感知当前的事物时，借助以往的知识经验对知觉对象进行加工分析，利用概念的形式把它们标识出来。知觉的理解性使人们的知觉过程更加迅速，节约感知的时间和工作量，同时使知觉印象准确而完整。如果缺少知识和经验，每次进行知觉都是学习的过程，其中的尝试与错误不仅浪费时间，而且知觉印象和对象实际相差甚远。例如，当历史学家在欣赏陕西的秦始皇陵兵马俑时，如图 3-6，他会比无历史常识的普通旅游者所领悟到的东西更多、更深。普通旅游者只看到兵马俑的外观和气势，而历史学家的感知内容就丰富得多，他不仅看到兵马俑的外观，而且能体会到兵马俑列阵的学问，以及其反映的丰富历史文化内涵。

图 3-6 秦始皇陵兵马俑

知觉的理解性在旅游者的旅游活动中具有十分重要的意义，它会使旅游者的旅游活动更加生动、富于乐趣。自然的山水原本没有意义，但经过导游语言的加工后变得有意义了，带给旅游者难忘的旅游经历。如当旅游者在云南石林的奇石秀峰中款款而行，在石峰上缓缓攀缘，会被这个神奇的石头艺术海洋所征服，当游客听到关于美丽的彝族撒尼姑娘“阿诗玛”的传说后，这些石头在游客的眼中就像是那位头戴包头、肩背背篓、身着长裙，用深情的目光眺望远方，善良的阿诗玛。

（四）恒常性

当知觉的对象在一定范围内变化的时候，知觉仍然保持相对不变，知觉的这种特性称为恒常性。如同一首乐曲，尽管演奏者不同，使用的乐器也不一样，人们总是把它知觉成同一首乐曲。曾经登过泰山的有丰富经验的旅游者，都会深感登上泰山之巅那种“会当凌绝顶，一览众山小”的豪迈。所以在条件改变的时候，如泰山被云雾遮蔽，或者旅游者离开泰山后，他们依然能够感知泰山的雄伟和壮丽。因为，即使认知泰山的视觉光线和距离发生了变化，但旅游者的经验使其旅游知觉有了恒常性。

知觉的恒常性是因客观事物具有相对稳定的结构和特征，而我们对这些事物有比较丰富的经验，无数次的经验校正了来自每个感受器的不完全的、甚至歪曲的信息。如果我们知觉的是一个全新对象，而且周围没有熟悉的事物可以作参照，那么我们就不会有关于这个事物的知觉恒常性。

三、影响知觉的因素

苏州的拙政园在游客的眼中是人造园林，这是由拙政园的景观决定的。但是，园林专家和普通游客的知觉又有区别。正如苏东坡所言："西湖天下景，游者无愚贤；深浅随所得，谁能识其全？"可见，在旅游过程中，旅游者的知觉要受到各种因素的影响，主要有客观因素和主观因素两方面。

（一）影响知觉的客观因素

人们从背景中选择知觉对象受下列因素的影响：

1. 知觉对象的刺激强度

一般来说，强烈的刺激容易引起人们的注意。如巨响、艳色、奇香、强光都易引起人们的注意。白天在吵闹的教室里，闹钟的声音不易被人听到，但在万籁俱寂的夜晚，钟表的嘀嗒声、窗外的风声及小虫的鸣叫就格外响亮。

2. 对象与背景的关系

（1）对比鲜明。对象和背景之间差别越大，越容易从背景中选出对象。如颜色越鲜明的对象越容易被知觉到，开封的菊花展上，在黄色菊花群中有一枝红色的菊花，那么游客很容易把红菊花作为知觉对象而把它周围的黄菊花作为背景。同样的，如万绿丛中一点红（如图 3-7），鹤立鸡群、一手高举小黄旗的导游都易成为人们的知觉对象。

图 3-7　九寨沟绿树蓝水中的一抹红格外醒目

（2）活动变化。与固定不变的背景相比，活动变化的物体易被感知。如划过夜空的流星更容易被人们注意到，同样夜晚忽明忽暗的霓虹灯也容易引起人们的注意。

（3）对象的组合。对象特征明显，容易被感知；特征较为接近和相似的，则不易被感知。如公鸡、母鸡外部特征明显容易分辨；而雌兔、雄兔就扑朔迷离了。大街上，迎面走过许多中国人你没有注意，一个外国人立刻就能被你发现。

空间和时间较为接近与相似，则易被感知为一个整体。例如，苏州和无锡，山海关和北戴河，因为它们的距离接近，旅游者往往把它们知觉为一条旅游线。另外，性质相同或相似的事物也容易被人组合在一起，成为知觉对象。例如青岛和大连被认为是海滨避暑胜地，山西的五台山、浙江的普陀山、四川的峨眉山、安徽的九华山，地理上虽然远隔千里，但有时仍被人们不无错误地知觉为相似的佛教圣地。

（二）影响知觉的主观因素

1. 需要和动机

一般情况下，只有那些能够满足人们的需要、符合旅游动机的事物，才能引起旅游者的注意，从而被清晰感知。如沙漠中人们易注意到绿洲，饥饿的人容易注意到食物。有的人外出旅游是为了结交朋友，那么他就会选择去热闹的景区并跟旅游团前往，而不会去自由行。

2. 情绪

当人们心情愉悦时，看每样东西差不多都是美好的，且情绪高涨、精力充沛、积极主动地参与各项活动。当人们心情不佳时，则会对周围的事物不感兴趣，即便是有“人间仙境”之称的九寨沟也会觉得无趣。可见情绪对人的知觉有多么重要的影响。所以旅游工作者要尽量使游客保持心情愉悦，这样可以使游客充分体会到旅游带给他们的快乐和满足感。

3. 知识经验

俗话说：内行看门道，外行看热闹。旅游过程中，游客已有的知识经验对旅游知觉也有一定的影响。如一个对书法颇有研究的游客到开封的翰园碑林，会在那一块块的石碑前驻足，用心尽情地欣赏我国的书法；而一个不懂书法的门外汉到了碑林里，则会快步地走过，他们看到的只是一个个汉字而已，很难体会到颜体字和柳体字的区别，无法去领略中国书法的博大精深。

4. 兴趣和爱好

一般情况下，凡是人们感兴趣的，都会成为他们的知觉对象。向往大自然的旅游者，往往对山川、河流、瀑布等感兴趣，就会去体验它；对文物古迹感兴趣的旅游者，会把古都名城、历史文物古迹作为选择的对象。喜欢小吃的游客到了开封，一般是不会错过这个小吃城的。

四、错觉

在现实生活中，人们并不总是准确无误地认知客观事物，由于某些因素的影响，人们对客观事物的知觉会偏离事物的本来面目，产生各种错觉现象。错觉是人们对客观事物的不正确的知觉。在旅游活动中，旅游者常常会产生各种各样的错觉，错觉给旅游者带来不同的体验。

（一）错觉的种类

由于认识不同，错觉有很多种类型，常见的错觉现象包括以下几种。

1. 几何图形错觉

几何图形错觉主要是视错觉，种类很多。如垂直线和水平线错觉，垂直线和水平线的长度相等，但垂直线看起来好像长一些。在建筑工程中，需要建筑物具有宏伟、高大的特点时，就多用贯通建筑物上下的垂直线条，如梵蒂冈圣彼得广场，两组半圆形大理石柱廊环抱，这两组柱廊为梵蒂冈的装饰性建筑，共由 284 根圆柱和 88 根方柱组成，恢宏雄伟，如图 3-8 所示。

图 3-8　梵蒂冈圣彼得广场

2. 形重错觉

质地不同的事物，当其物理重量相等时，人们用手加以比较时，就会觉得坚硬的物体比柔软的物体重。如一斤铁和一斤棉花的重量相等，但是，人们用手加以比较都会觉得一斤铁比一斤棉花重得多。

3. 大小错觉

由于时间和距离的原因，加上与周围事物的比较，人们常常会产生对某些事物大小不一的错觉，如近大远小。

拓展知识

月亮错觉

当月亮在我们头顶之上时，由于它处于垂直的位置，似乎离我们更近些，而且我们还没有距离线索，这样深度线索便不能着实地影响我们对月亮大小的知觉。当它靠近地平线时，由于处于水平的位置，似乎离我们更远些。此外，我们会认为月亮比远处的树木或建筑物这些客体要更远，我们知道这些客体很大，它们在视网膜上的形象却很小。因此，当我们在与这些物体相比较下来而知觉月亮时，它看起来会更大些。

（资料来源：本杰明·B. 莱希 . 心理学导论［M］. 上海：上海人民出版社，2017.）

4. 方位错觉

如果失去了自然环境的参照，人们往往会产生方向的错觉和位置的错觉。如听报告时，报告人的声音是从扩音器的侧面传来的，我们却把它感知为从报告人的正面传过来的。

5. 运动错觉

由于与运动的事物相连，即使已经离开运动的事物，人们还会产生与运动的事物相连的感觉。如夜晚赏月时产生的“月动云静”的运动错觉。

6. 时间错觉

对于在同一段时间内所发生的事情，由于态度、兴趣、情绪的不同，人们会觉得有时时间过得快些，有时则觉得时间过得慢些。如当人心情急切时就有“一日三秋”的时间错觉。

（二）错觉产生的原因

从现象来看，错觉的产生既有客观方面的原因，也有主观方面的原因。

1. 客观原因

错觉的产生大多是在错觉对象所处的客观环境有了某种变化的情况下发生，知觉的情景已经发生变化，人们却以原有的知觉模式进行感知。

2. 主观原因

错觉的产生还与个人过去经验、情绪等因素有关。如时间错觉，当人焦急地期待，或无事可干时都会让人感到时间过得很慢，有所谓“度日如年”之感。而战败了的士兵，由于恐惧则容易产生“风声鹤唳，草木皆兵”的错觉。

（三）错觉在旅游工作中的运用

错觉现象并非绝对无益，在旅游活动中巧妙利用错觉，可以增加旅游活动的趣味性和旅游者的审美体验。

在旅游资源的开发和建设中常常利用错觉以增强旅游审美的效果，特别是中国的园林艺术利用人的错觉，强化渲染风光、突出景致的作用。如园林中的高山、流水，都是通过缩短视觉距离的办法，将旅游者的视线限制在很近的距离内，使其没有后退的余地，而眼前只有假山、流水，没有其他参照物，这样，山就显得高了，水就显得长了，如图 3–9。

图 3–9　苏州拙政园

在旅游活动的组织中，导游可以根据旅游者的时间错觉，安排各种娱乐活动，让旅游者对漫长的旅途时光感觉不那么漫长。同时，导游可以充分安排游览的活动内容，并给予更多的时间，让旅游者游得尽兴。

任务二　熟悉旅游中的人际知觉

☞ **情境设计**

旅游中安排住宿也是一项重要内容。李红根据游客的职业、年纪进行房间的分配。李红发现，在旅游过程中，同一个房间的游客往往在一起游览、购物，同一地区的人也容易结伴游玩。一个旅游团的游客自动组成了许多小的团体，在活动中一起行动。由于李红形象好、态度好，一开始给游客留下了好的印象，在之后的旅游中，大家对她一直很认可，尽管工作中也有些小纰漏，但大家都不计较，这让初次带团的李红很开心。

根据以上情境，完成下列任务：

1. 讨论影响游客之间交往的因素有哪些。

2. 导游李红受大家喜欢的原因是什么？

☞任务分析

人并非单独存在的个体，人是社会的人，需要和其他人进行交往。在人与人进行交往中，空间距离在交往之初起了一定的作用，所以，在旅游团中，住在同一房间的游客容易熟悉并成为朋友；同一地区、同一职业和年纪也使游客有许多共同点，在旅途中产生共鸣。而李红凭着良好的形象和态度给游客留下了好的第一印象，游客容易谅解她的一些失误，多看到她的长处，对她产生好的评价。

人际知觉是一个相互感知的过程，人们在交往中会按照自己的动机、价值观去知觉别人，同时也改变他人对自己的看法和态度，并以此来修正自己的行为和反应。人际知觉是了解人与人之间各种复杂关系的途径，是做好旅游服务与管理工作、协调人际关系的依据。

一、影响人际关系的因素

（一）空间距离

人们在空间位置上越接近，越容易形成彼此间的亲密关系，尤其在交往的早期阶段更是如此。空间距离的接近使双方相互交往的频率不断增多，彼此间更容易熟悉。虽然地理位置并不是人际关系好坏的唯一决定因素，空间位置接近的优势是存在的。但是，随着时间的推移，空间位置接近的作用将越来越少，尤其是当交往者双方的关系紧张时，空间距离越近，彼此的反应会越消极。

拓展知识

近水楼台先得月

研究表明，在与陌生人交往的早期阶段，接近性是增进人际交往的重要因素之一。菲斯汀格以麻省理工学院已婚学生为对象，多次研究他们之间的相互吸引力与彼此居住距离的关系。结果发现，他们选择的新朋友多为邻居，正所谓“近水楼台”。另外一些学者在其他大学做过类似的研究，几乎得到同样的结果。研究还表明，这一因素随着时间的推移，其发挥的作用将越来越少，尤其是当双方关系紧张时，空间距离越接近，人际反应越消极。

（二）交往的频率

人际交往频率也影响着人际关系的建立。在群体中，成员之间交往频率越高，交往次数越多，越便于沟通信息、交流思想、联络感情、增进友谊、协调关系。人们越是互相熟悉、了解，越容易形成良好的人际关系。

（三）相似因素

在交往双方特性方面，双方若能意识到彼此的相似性，则容易相互吸引，两者越相似越能相互吸引，产生亲密感。在其他信息缺乏的情况下，同年龄、同性别的人比较容易相互吸引，如老年人喜欢和老年人在一起，青年人喜欢和青年人在一起。在教育水平、经济收入、籍贯、职业、社会地位、社会价值、资历等方面相似的人容易相互吸引。社会心理学家柯尔等人的研究指出，个人所指出的最好朋友都是同等地位的人，一般他们在教育水平、经济条件、社会价值等方面都很相似，即所谓“门当户对”。在相似因素中，态度是最主要的因素。例如政治主张、宗教信仰、对社会上发生重大事件的看法都比较一致的人，在感情上更为融洽，即所谓“志同道合”。

拓展知识

有趣的实验

纽加姆曾做过一个实验。实验对象是公开征求住宿志愿者，共17人，都是大学生。实验者提供他们免费住宿四个月，交换条件是定期接受谈话和测验。实验步骤是这样的：进入宿舍以前测定他们关于经济、政治、审美、社会福利等方面的态度和价值观，以及他们的人格特征。然后将对于这些方面问题的态度、价值观和人格特征相似和不相似的大学生混合安排在几个寝室里，一起生活四个月。在此期间定期测试他们对这些方面问题的看法和态度，让他们相互评定室内人员，喜欢谁，不喜欢谁。实验结果表明，在相处的初期，空间距离决定了人们之间的吸引，到了后期其相互吸引发生了变化，彼此间的态度和价值观越是相似的人，相互之间的吸引力越大。

（四）互补因素

当双方的需要以及对对方的期望正好成为互补关系时，就会产生强烈的吸引力。例如，独立性较强的人，往往喜欢和依赖性较强的人在一起；脾气急躁的人，往往喜欢和脾气温和的人相处，从而使双方的关系更为协调，各人的特点正好适合对方的需要，各得其所。如果没有需要和满足要求的期望，空间距离再近，交往的频率再高，也有可能导致“鸡犬相闻，老死不相往来”的情形。

拓展知识

互补让人们走近

互补因素增进人际吸引，往往发生在感情深厚的朋友，特别是在异性朋友或夫妻之间。美国社会心理学家克霍夫等人研究了已建立恋爱关系的大学生。结果发现，对短期的伴侣来说，推动吸引的动力主要是相似的价值观念，而驱使长期伴侣发展更密切关系的动力主要是需要的互补。由此，克霍夫等提出择偶的过滤假说，两个陌生的男女要结成终身相托的婚姻伴侣，必须经过几道过滤关卡：（1）时空距离的接近；（2）个人因素，主要指当事人的社会经济地位、教育水平、信仰等；（3）态度与观念的相似；（4）需要的互补。当然，并非所有婚姻的缔结都必须经过这样一系列的过滤。

（五）个性

个性因素是人际关系中的重要因素。一个人如果在能力、特长、气质、性格等方面比较突出、优秀，往往具有很强的吸引力。在群体中，一个和善、宽厚、富有同情心、能体谅他人的人，易受到其他成员的欢迎，因而也易与他人建立良好的人际关系；反之，一个性格孤僻、固执，既不愿了解他人，又不愿被他人了解，与他人格格不入的人，难以形成融洽的人际关系。

人际交往是一门学问，也是一种艺术，只有将科学性和艺术性结合起来，才能提高交往的效果，才能改善人际关系。良好的交往态度和心理准备是非常重要的。所以，学会并掌握建立良好人际关系的方法是十分必要的。

特别提示

人际交往是通过人与人和角色与角色的双重交往来实现的。在日常生活中，我们要注意各种角色的转变。

二、人际知觉中的心理效应

对人的知觉依赖于多种因素，如认知主体、认知客体以及环境等，人们对知觉常存在一些误区，它们的存在容易给认知带来偏差，具体表现主要有以下方面：

（一）首因效应

首因效应又称第一印象，指与人交往时最初得到的信息对印象的形成具有很大作用。首次对人的印象，往往影响对人以后的看法。例如，在第一次见面时，你看到的这个人是一位服饰得体、和颜悦色、性格开朗的人，你一般会愿意与他继续交往；反之，如果这个人是一脸凶相，恶声恶气，或衣着邋遢，举止下流，那么，你可能就不愿意再与他交往下去。人们往往根据初次见面后形成的第一印象来决定是否还愿意继续与之交往，以及按什么样的人际距离来进行交往。

首因效应的特点是先入为主，即对某事物先前知觉的结果决定后来知觉的结果。在本质上，这体现了一种优先效应，当人们接受了前面的信息后，就会按照这种信息来解释后面的信息，即使后面的信息与前面的信息不一致，也会屈从于前面的信息，从而形成整体一致的印象。

拓展知识

他是学者还是罪犯?

有这样一个研究，研究者向两组大学生分别出示同一个人的照片，出示之前，对甲组说，这是一个德高望重的学者；而对乙组说，这是一个屡教不改的惯犯。然后，让两组大学生分别从这个人的外貌说明其性格特征。结果，出现了截然相反的评价。甲组的评价是：深沉的目光，显示思想的深邃和智慧；高高的额头，表明在科学探索的道路上无坚不摧的坚强意志。乙组的评价是：深陷的眼窝，藏着邪恶与狡诈；高耸的额头，隐含着死不悔改的顽固抵赖之心。从这里可以看出，在得到对别人的第一印象时，人们随之也会产生一定的态度，从而影响进一步的知觉，间接影响自己的判断。

旅游者的不断变换是旅游接待工作的一个显著特点，在与他们的短暂接触中，双方都来不及进行更多的了解，无法达到日久见人心的境地，所以，对旅游工作者来说，给旅游者留下良好的第一印象是非常重要的。

（二）晕轮效应

晕轮效应又称光环效应，是指人们对认知对象获得的某一特征的突出印象，进而将这种印象扩大为对象的整体行为特征，从而产生美化或丑化对象的现象。就像月晕一样，由于光环的虚幻印象，使人看不清对方的真实面目。如当客人步入一个外部气势宏伟、内部装饰精美的酒店，他们就会联想到这个饭店的设备一定豪华、齐全，服务质量高。

晕轮效应与第一印象一样普遍。它们的主要区别在于：第一印象是从时间上来说的，由于前面印象深刻，后面的印象往往成为前面印象的补充；而晕轮效应则是从内容上来说的，由于对对象的部分特征印象深刻，使这部分印象泛化为全部印象。晕轮效应导致认知的偏差，主要原因是以点带面、以偏概全。

晕轮效应在旅游活动中会妨碍客我关系的正确知觉，这种晕轮效应一旦泛化，会产生很大的消极作用。如旅游者第一次到某饭店住宿，遇到了一个工作不负责任的服务员，随即就会认为这个饭店的服务质量差；一个外国游客第一次来到中国旅游，不巧遇到一次交通事故，他就会认为中国交通安全状况很差。因此，为了让旅游者对旅游产品和服务产生好的印象、积极的评价，在旅游工作中就要提供优先服务，尽量避免晕轮效应的消极影响。

（三）刻板印象

刻板印象指人们对社会上某一类事物或者人产生的比较固定、笼统的看法。这种印象不是一种个体印象，而是一种群体印象。

由于人们所处环境的地理、经济、政治、文化等因素的不同，在进行人际认知的时候，人们也往往将来自相同环境的人群赋予相同的一些特征，如对不同职业、地区、性别、年龄、民族等群体的人们形成较为固定的看法。人们普遍认为，东北人身材高大、正直豪爽；广东人聪明灵活、善于经商。当人们采用这些较为固定的看法去识别一个具体的人，对他进行判断、推测和概括的时候，就有可能出现偏差。但刻板印象对人际知觉也有积极的作用，有助于简化人们的认知过程，提高认知效率。在旅游工作中，知觉来自不同国家和地区的旅游者时，可以充分了解同一国家和地区的旅游者的共同特点，但同时对具体的个人要进行观察和了解，弄清他们的个性特点，避免刻板印象的消极影响。

（四）心理定式

心理定式是指人们在认识特定对象时心理上的准备状态，即它在对人产生认知前，就先入为主地在脑海中形成了印象。

这种心理准备状态主要受两种因素的影响：一是个体的需要；二是相应的客观情境。它的形成既可以是在刚刚发生过的知觉过程之后，也可以是在较长的时间内由于某种刺激物的作用而引起。一般地说，这种准备状态往往能够对人的知觉活动产生相当大的影响，使知觉发生扭曲，从而过于坚持某种偏见。这种现象常常发生在人们知觉某一事物的时候，总是凭借自己已有的经验加以推测，如认为容易发脾气的人一定很顽固，而不爱发脾气的人多半没有主见等。

此外，人们在知觉一些接触不多、不太熟悉或是行为表现不很特殊的人时，由于信息较少，缺乏必要的线索，也往往会根据他们外部的一些表面特点加以逻辑推理。如，人们常常根据肤色、身材、穿着来判断一个人的性格。看到一个很胖的人，就断定他是一个“舒舒服服”的人，因为“心宽”才会体胖等。这种推理的方法是一种简单化的方法，往往容易发生认识误差，其主要原因就在于这种推理受到某种心理定式的影响。在旅游企业中，管理者要客观分析、调查，力求避免这种知觉的片面性。

拓展知识

智子疑邻

我国古代“智子疑邻”的故事就是典型的心理定式。传说，古代一位老汉丢了一把斧头，他怀疑是邻居小伙子偷走了，在以后的几天里他认真观察了邻居小伙子的行为，越看越觉得像是窃贼。有一天，老汉偶然找到了斧头，他再看邻居小伙子，怎么看也不像小偷了。

任务三　掌握旅游者对旅游条件的知觉

情境设计

每年1月都是海南旅游的旺季，游客比较集中，景点常常人满为患，李红经常会听到游客的抱怨，抱怨最多的是坐车的时间太长，排队的时间太长。在游览三亚的蜈支洲岛时，需要乘坐游船过海，码头排满了人，队伍缓慢向前，游客们不耐烦地左顾右盼，焦急地问：“我们还要等多久啊？”在景点游玩时，李红给了大家三个小时，集合时，却有人迟到，还说时间太紧张，没怎么玩时间就到了。李红算了算，排队等船半个小时，游玩两个半小时，但排队的半小时游客难以忍受，游玩的两个半小时游客却觉得飞快，李红理解游客的心理，同时也觉得奇怪。

根据以上情境，完成下列任务：

1. 讨论上文中游客对等待和游览时间的知觉差异。

2. 在旅游活动中怎么安排时间才能取得好的效果？

☞ 任务分析

人们对时间的知觉并不总是正确的，时常会出现错觉现象，等待一般无事可做，常常会知觉过长；而游览内容丰富、吸引人时，则往往知觉过短。这种对时间的错觉造成游客在等待时不耐烦，在游览时只觉得时间不够用。

旅游者的旅游活动是由食、住、行、游、购、娱等行为组成的，与其相关的就是基本的旅游条件。旅游景点、旅游时间、旅行距离、旅游交通工具等，都是实现旅游活动必不可少的重要条件。旅游者对这些旅游条件的知觉，会对具体的旅游决策、旅游行为以及旅游服务的评价等产生重要的影响。

一、对旅游时间的知觉

时间知觉是人们对客观现象的延续性和顺序性的反映，即对事物运动过程的先后和长短的知觉。它也是人对客观世界的主观印象，它主要受两方面因素的影响，即活动的内容、情绪和态度。在旅游过程中，了解旅游者对时间的知觉是很重要的，旅游从业人员要做好以下几点：

（一）旅行要快

旅行要快，即要用较短的时间完成居住地到目的地之间的往返行程。假定旅游时间是固定不变的，那么旅行时间缩短，就意味着旅游目的地逗留时间会相对较长。对于闲暇时间有限的旅游者来说，更希望能缩短旅行时间，以便有更多的时间进行游览观光，所以旅游者往往喜欢选择速度快的交通工具，比如飞机、高铁、动车等。

相对于美景而言，如果旅途显得单调、乏味，旅游者常常会对旅途的时间知觉过长，感觉时间过得太慢，容易产生疲劳、无聊的感觉。因此，导游最好能在旅途中组织一些人人都能参与的活动，这样可以缓解游客的疲劳感。另外，导游要是能对沿途风光、风土人情进行生动的介绍，也能提高游客的兴致，使他们不觉得时间过得慢。

（二）游览要慢

游览要慢，即在旅游目的地逗留时间要充足，能够保证旅游者尽兴地观赏游玩、从容体验。

游览观赏是旅游要达到的目的。因此，旅游者总是希望能有足够的时间在旅游地停留，尽情地游览自然山水、鉴赏文物古迹、领略风土人情，从中获得自然美、艺术美、社会美的审美感受，以达到消遣娱乐、积极休息和愉悦身心的效果。游览的内容越丰富就越有魅力，越能使人融入其中，流连忘返。所以，旅游企业应尽量提供多元化的产品，集观光、休闲、参与、度假等项目为一体，并提供食、住、行、游、购、娱一条龙的服务，从而延长旅游者在旅游目的地的停留时间。

（三）活动要准时

活动要准时，即在旅游目的地的行程安排都能按计划进行，不出现超时现象。现代社会人们的生活节奏日益加快，讲求效率，按计划做事，已经成为大多数人的习惯。当旅游活动不能准时进行，就会打乱原有的活动安排，旅游内容就要重新调整，甚至还要缩减其他旅游项目，这会损害旅游者的切身利益，引起他们的不满，进而引起游客投诉。

二、对旅游距离的知觉

人们在选择旅游目的地时，除了考虑时间的限制外，还要考虑从居住地到旅游目的地的距离。人们对于旅游距离的知觉，通常是以空间距离的远近和所需要时间的长短来衡量的。如郑州到北京的距离，人们很少说经过几百公里，而是强调坐几个小时的车。旅游距离是影响人们旅游决策的重要因素之一，但由于时间、身体、动机等多方面因素的影响，不同的人对同一距离有不同的知觉。旅游距离对旅游行为的影响主要体现在以下两个方面：

（一）阻止作用

旅游距离是决定旅游者花费时间、金钱、体能等代价的主要因素，这些代价往往使旅游者望而生畏。旅游者只有意识到能够从旅游行为中得到的益处大于所要付出的代价时，他们才会作出旅游的决策。一般来说，旅游距离越远，意味着所耗费的金钱、时间、体能等成本越大，这就会抑制人们的旅游动机，阻止旅游行为的发生。自2000年以来，我国的国际旅游客源市场中，旅游人数排在前三位的国家依次是日本、韩国和俄罗斯，距离近应该是其中重要的因素。同样，在国内旅游中，距离也是决定旅游行为的重要因素之一，如去上海旅游人数最多的省份依次是江苏、浙江和安徽。

（二）激励作用

换一个角度来说，人们外出旅游的动机之一就是寻求新奇、刺激、神秘，距离越远的旅游地越有吸引力。“在那遥远的地方”“天涯海角”等，自古以来就是人们所向往的地方，遥远的异国他乡能激发人们的好奇心、具有神秘感，满足人们的猎奇心理需求。从审美心理学的角度看，距离之所以产生了美，是因为人们在感知对象时，拉开的距离增加了信息的不确定性，给人更广阔的想象空间，从而产生了美的印象。正是这种吸引力，才使人们舍近求远，不畏旅途艰辛，到远处的旅游地去旅游。

特别提示

距离知觉是人们空间知觉的一种，对距离的知觉是旅游者对物体远近的知觉，直接影响到旅游者对旅游目的地的感知，以及对旅游景观的审美感觉。

旅游距离对人的旅游行为的影响是双重的，既有阻止作用，又有激励作用。哪种作用更大又受到许多因素的影响，这些因素既有旅游者自身的时间、金钱、身体、需要和兴趣等因素的影响，又和旅游景点的开发、建设和广告宣传等因素有关。旅游经营者首先必须为旅游市场提供高质量的旅游产品和服务，抓住邻近地区的客源，同时吸引远距离的旅游者，从而占领源源不断的客源市场。其次，要积极开展旅游宣传工作，利用一切可以利用的时间、地点、媒介，向旅游者传递有关旅游产品和服务的信息，塑造良好的旅游形象，介绍具体的旅游产品和服务的质量与价格，引导旅游者的旅游决策。这样，必然会使旅游者对距离知觉的激励作用最大化，阻止作用最小化，强化以旅游地为核心的旅游产品和服务的吸引力。

三、对旅游目的地的知觉

对旅游目的地的知觉，是指人们在前往某一旅游地之前对该目的地的知觉，以及亲眼所见并身临其境的旅游目的地的知觉。前者的知觉结果影响人们对旅游目的地的选择，后者的知觉结果影响人们的消费行为和后续行为。

在旅游活动中，不论是国内旅游，还是国际旅游，可供旅游者选择的旅游目的地数量众多，旅游者选择哪个旅游目的地在很大程度上取决于他们了解的关于旅游目的地的信息。旅游信息的获得及理解离不开旅游者的感觉和知觉过程，这为他们的旅游决策提供了可靠保证，同时也是他们衡量自己旅游收获的重要依据。

（一）旅游目的地的信息知觉

旅游者对旅游目的地的知觉印象一般来自两个方面，个人的亲历和间接的信息。同时，不论是个人的亲历，还是间接信息，由于每个人的个性不同，对信息的理解也有所不同。所以，即使是同一旅游目的地，人们的知觉印象也可能会大相径庭。其中间接信息包括人际间沟通、大众传媒以及广告宣传等的信息。在现代社会中，每个人的亲身经历大多是有限的，许多旅游区的知觉印象来自间接信息，尤其是20世纪以来影视的普及，对旅游地的形象塑造产生了巨大作用。例如，电视剧《似水年华》的播出让乌镇出了名，电影《非诚勿扰》让三亚更火了，综艺节目《爸爸去哪儿》让重庆武隆的美景再次呈现在人们视野中，《变形金刚》《三生三世十里桃花》《满城尽带黄金甲》都曾在重庆武隆（如图3–10）取景。

图3–10　重庆武隆

拓展知识

“丁真的世界”开创旅游传播新形式

四川理塘的丁真因为一段视频迅速走红，理塘文旅部门借势传播，从签约旅游宣传大使到推出理塘旅游宣传片，迅速将网民的关注度从丁真本人聚焦到理塘的宣传片《丁真的世界》，丁真的家乡四川省甘孜藏族自治州理塘县，一个有着雪山、草地、白马、康巴汉子的世外桃源因此被广泛认知。这一波颇具“网感”的营销操作，动作密集，又快又稳，足以写进2020年度旅游传播案例。

丁真的出现，对于当地旅游宣传如同神助，让沉寂一年的旅游目的地得以首次“破圈”。百度搜索理塘资讯指数日均值达到38 544次，同比增幅678%，环比增幅899%。丁真在抖音与用户群体的对话“充满自我表达”，介绍藏族文化，做糌粑，骑着心爱的小马想永远拿第一名。生涩的普通话，天高地远的风光，以及近在眼前的白马少年，这些共同营造出理塘“世外桃源”的旅游氛围，由此产生的鲜活满足感，与网民日常都市生活形成的强烈反差，才是人们想要的惊喜。

（二）旅游目的地的印象知觉

在旅游者的知觉过程中，对旅游目的地的知觉印象主要取决于三个方面：

1. 旅游景点

旅游者对旅游景点的知觉是整个旅游活动的核心部分。旅游景观必须具备独特性和观赏性。否则，无论怎么发掘旅游景观的内涵都收效甚微，都很难对旅游者产生太大的吸引力，当然也无法使旅游者留下积极的知觉印象。如湖南长沙，1925年毛泽东同志从广州回到湖南领导农民运动，寒秋时节，重游橘子洲，写下了《沁园春·长沙》，因此，橘子洲声名大振。

2. 旅游设施

旅游设施是旅游活动顺利进行的必要物质条件，旅游者关于旅游设施的知觉对他们的旅游行为会产生很大的影响。旅游设施必须安全、方便、舒适。如雅鲁藏布江大峡谷是世界第一的大峡谷，旅游资源质量水平很高，但是，由于缺乏必要的旅游设施，难以开展旅游活动，给旅游者的印象是偏、险、远，可望而不可即。因此，提供标准化的旅游设施，让旅游者能够安全、方便、舒适地使用，是引导他们形成积极知觉印象的必要条件之一。旅游设施还应与周围环境融为一体，充分体现当地的自然、历史和文化特征。

3. 旅游服务

旅游服务质量的优劣直接影响着旅游者对旅游目的地的知觉印象，只有旅游服务做到礼貌、周到、公平、诚信，才能赢得游客的满意。所以，应充分满足旅游者的旅游需要，树立积极、良好的旅游服务形象，同时，不断地完善旅游服务的设施、环境、服务方式、服务态度和技能，为旅游者提供高质量的旅游服务，从而创造旅游业更好的经济效益、社会效益和环境效益。

案例分享

《舌尖上的中国》掀起美食旅游热

央视纪录片《舌尖上的中国》播出后带来的经济效应，从餐饮业迅速蔓延到旅游市场。携程、淘宝旅行等旅游网站纷纷推出"舌尖上的旅行"主题游，并受到网友的追捧，掀起了美食旅游热。

携程网迅速梳理国内著名餐饮美食，与相关的团队游、自由行产品结合，打造了云南的过桥米线、海南的和乐蟹、陕西的肉夹馍等国内 20 多条美食主题的旅游线路，在既有线路上增加了一个吃遍当地美食的环节，使游客们不仅领略到当地人文美景，更能一饱口福。半个多月，报名美食主题旅游的游客比以前增加了一倍。据调查，近期淘宝旅行自由行中，有超过 60% 的游客有特产游的需求。

分析：享受美食是旅游的重要体验，美食与旅游的结合具有重要意义。旅游者的旅游活动本身就是一次感官的充分体验，味觉的满足会激发人们的积极的情绪，增加旅游的乐趣。作为旅游目的地来说，应鼓励餐饮企业创设良好的就餐环境，提供高质量、有当地特色的餐饮，满足旅游者多样化、个性化的需求。

思考与练习

一、填空题

1. 人们把感觉分为________和________两大类。
2. 根据反映对象的性质不同，把知觉分为________、________和________。
3. 影响知觉的主观因素有________、________、________和________。
4. 常见的错觉现象有________、________、________、方位错觉、时间错觉和________。
5. 影响人际关系的因素有________、________、________和互补因素、________。

二、选择题

1. 运动觉属于（　）。

A. 内部感觉　B. 外部感觉

2. 吃饭属于（　）。

A. 视知觉　B. 味知觉　C. 嗅知觉　D. 运动知觉

3. 导游语言的讲解可以加强旅游者（　　）。

A. 知觉的选择性　　B. 知觉的理解性

C. 知觉的整体性　　D. 知觉的恒常性

4. 飞行员在海天一色时，判断错误，会出现飞向大海的事故，这属于（　　）。

A. 运动错觉　　B. 方位错觉　　C. 大小错觉　　D. 形重错觉

5. “爱屋及乌”是（　　）。

A. 首因效应　　B. 晕轮效应　　C. 心理定式　　D. 刻板印象

三、判断题

1. 通过感觉只能认识事物的个别属性，只有知觉才能认识事物的整体，所以知觉更重要。（　　）

2. 人们对时间的知觉往往受情绪影响较大。（　　）

3. 无论什么时候，空间距离越近，人们越容易形成良好的关系。（　　）

4. 刻板印象容易造成认知的偏差，所以在旅游工作中要避免这种认知偏差。（　　）

5. 距离远的目的地会让人们望而却步，所以旅游地应该着重对周边地区进行宣传。（　　）

四、问答题

1. 如何理解知觉的特性对旅游的影响？

2. 影响知觉的主观因素和客观因素有哪些？

3. 如何利用人际知觉中的心理效应做好旅游接待工作？

4. 试述对旅游条件的知觉及如何做好接待工作。

项目四　感知旅游者的态度

学习目标

1. 掌握态度的含义、构成及特征；
2. 了解态度形成的三个阶段；
3. 熟悉影响旅游偏好的因素；
4. 熟练掌握影响旅游者态度改变的因素。

项目分析

态度影响着人们的行为和生活方式，当然也影响着旅游者的行为。本项目通过对态度的研究，使学生不仅容易了解人们选择旅游消费的思想和情感，同时也有可能通过改变人们的思想和情感来改变其行为，有助于旅游从业者了解旅游者的态度与其行为之间的关系，掌握改变旅游者态度的基本策略和技巧，从而提高旅游服务质量。

任务一　了解态度

☞ **情境设计**

李红在知乎上看到一个话题，很感兴趣。有人问："什么是旅游？"有人回答："旅游就是看到不一样的生活、遇见不一样的人、发现不一样的事情、去寻找生命更多的可能"。也有人回答："旅游就是换个跟平时生活不一样的地方去放松几天，尝尝特色小吃，逛逛景点"。更有人说："旅游就是花钱买罪受"。

根据以上情境，完成下列任务：

1. 讨论为什么人们对旅游活动有不同的态度?
2. 影响人们态度的因素有哪些?

☞ 任务分析

旅游者生活在不同的社会条件下，其所受的教育程度、所具有的知识结构、经历各不相同，因而除了形成各自不同的需要和动机外，也形成不同的态度。旅游者态度与旅游决策有着密不可分的关系，而旅游地的综合形象对旅游者态度的形成有着重要影响，因而应全面分析旅游者态度对旅游决策的影响，为旅游地树立良好的形象提出有益的建议。

一、态度的构成

态度是个体以赞成或否定的方式对某一对象所持有的稳定的评价与行为倾向。人们在适应环境的过程中由于存在个性、周围环境、教育、文化等方面的差异，对社会上的各种事物必然产生各种各样的认识，产生对它们赞成、反对、喜欢或者厌恶等心理，以及表现出是愿意接近、认同，还是回避、拒绝的行为倾向。

从构成来看，态度主要包括三种成分，即认知成分、情感成分和意向成分。

（一）认知成分

认知成分是个体对态度对象的认识、理解与评价，即平时所说的印象。认知成分是态度形成的基础。态度的形成首先要有其特定的认知对象，认知对象可以是人、物，也可以是某一事件或是代表具体事物本质的抽象概念。比如有人喜欢北京，如图 4-1，因为这里有着悠久的历史，更是具有现代感的国际大都市。有的人却认为北京过于喧闹和拥堵。

图 4-1　北京天安门

（二）情感成分

情感成分，是个体在评价基础上对态度对象产生的情感反应或情感体验。情感成分是构成态度的核心，并和人们的行为紧密相连。比如旅客生病时得到所住酒店服务员如家人般的照顾时，就会对酒店产生积极肯定的情感；如果景区的讲解员服务时面无表情、讲解中敷衍了事，就会让游客心生不满，产生消极否定的态度。

（三）意向成分

意向成分是个体对态度对象以某种方式行动的倾向。意向成分不是行为，而是行动之前的思想倾向，是行为的心理准备状态，如看到四川甘孜理塘的旅游宣传片想去那里旅游。意向是需要向行为动机转化的中间环节。

一般来说，态度的三种成分是协调一致的。例如，旅游者在选择旅游地的过程中，对某旅游地作出了良好的评价，进而对到某地旅游产生了积极和肯定的情绪、情感，他在心理上想去该旅游地，只要外部条件成熟就可能前往。但有时三种成分之间也可能发生矛盾，造成三者关系的失调。但在它们不协调时，情感成分往往占有主导地位，决定态度的基本取向与行为倾向。

二、态度的特征

人们的态度常常有以下几个方面的特征：

（一）对象性

态度必须指向特定的对象，这个对象可以是人、物、时间、团体或组织，也可以是一种现象、状态或观点，态度所反映出的是主体和客体的相对关系。只有针对特定的对象，才能产生具体的态度。例如，旅游者对旅游景点的态度，就将态度指向某一旅游地，指向具体的游览目标、服务设施等，没有对象的态度是不存在的。

（二）习得性

态度并非与生俱来，而是一个人在已有经验的基础上，通过后天学习获得的。一个人的经验来源于直接和间接两个方面。例如，某人对旅游的态度可能是他在旅游过程中通过亲身感受得来的，也可能是通过广告宣传和其他人对旅游的评价形成的。

（三）内在性

态度是一种内在的心理体验，它虽具有行为倾向，但并不等于行为本身，而是行为的心理准备状态。一个人究竟具有什么样的态度，是不能直接被观察到的，而只能从他的外显行为，如语言、表情、动作中加以推测。

拓展知识

心理学家罗森伯尔曾用下列图解描述态度的内在结构，从图 4–2 可知态度这一内在结构是刺激与反应之间的中介因素。

刺激 →	态度 →	反应
刺激是可以观察到的、可以测量到的独立变量，如他人、情境、社会问题、社会团体以及其他对象	态度是中介因素，有三个成分：认知、情感、意向	反应是可以观察到的、可以测量到的从属量变，如表情、肢体动作、语言等

图 4–2 态度的内在结构

（资料来源：欧晓霞 . 旅游心理学［M］. 北京：对外经济贸易大学出版社，2006.）

（四）稳定性

由于态度是在长期的社会实践中逐渐积累形成的，因此态度一旦形成就会持续 段时间，不会轻易改变。比如酒店服务中经常会有“回头客”光顾，“回头客”的多少反映了旅游者对酒店服务的态度，长期稳定的肯定态度是经常光顾的旅游者重要的心理因素。

（五）价值性

态度的核心是价值。价值是指作为态度的对象对人的需要所具有的意义。当个体认为某一对象有价值时，就会持有肯定态度；认为没有价值时，就会采取否定态度。价值大小决定态度的强弱。

特别提示

事物对人的价值大小，一方面取决于事物本身。比如，游客对三亚的态度，主要取决于三亚能为游客提供什么，如清新的空气、明媚的阳光、休闲的假日等；另一方面也受人的需要、兴趣、爱好、动机、性格、信念等因素所制约。所以，同样一件事，人们的价值观不同，就会产生不同的态度。为此，能满足个人需要、与人的兴趣爱好、与人的价值观念相符的事，人们会产生正面的态度；反之，则产生消极的态度。

三、态度的形成

人的态度是在后天的环境中习得的。态度的形成是指从对某一对象没有态度到对它有一定态度的转变。在社会化过程中，个体会随着环境的变化，不断地调整已有的态度，形成新的态度，从而适应人生和社会。

（一）态度的形成过程

根据美国社会心理学家凯尔曼在 1958 年提出的态度形成的三个阶段的理论，态度的形成可以概括为服从阶段、同化阶段、内化阶段。三个阶段不断深化，其中服从阶段是关键阶段。

1. 服从阶段

服从是人们为了获得物质与精神上的满足，或为了避免惩罚而表现出来的一种行为，当被迫的服从形成习惯以后，就会产生相应的态度。服从是表面顺从，而不是个体真心愿意的行为。个体总是按社会规范、社会期待或他人意志，在外显行为方面表现出与他人一致，其目的在于获得奖励、赞扬、被他人承认，避免惩罚、孤立、受到精神或物质的损失。当环境中赏罚的可能性消失时，服从阶段的行为和态度就会消失。

2. 同化阶段

同化是指个体自愿接受他人的观点、信念、行为或信息，使自己的态度与所要形成的态度相接近。在同化阶段，态度不是在环境压力下形成或转变的，它已经超脱外部控制的奖惩，是主动趋同于对象，自觉接受、自愿进行的。

3. 内化阶段

内化阶段是态度形成的最后阶段。个体真正从内心相信并接受他人的观点，彻底转变原有的态度，形成新态度，并自觉地指导自己的思想和行动。内化是个体原有态度与所认同的态度进行协调的过程，它是以理智为基础的。一个人的态度只有到了内化阶段才是稳固的，才真正成为个人的内在心理特征。

个体态度的形成，从服从到同化，再到内化成为稳定性的心理倾向，这是一个复杂的社会心理过程，并不是所有的人对所有事物的态度都能完成这个过程。有人对一些事物的态度可能完成了整个过程，但对另一些事物的态度可能只停留在服从或同化阶段。例如，对旅游的态度，一些人开始并不赞同，只是出于从众的心理参加旅游活动，这时的态度处在服从阶段；在经过几次旅游后，感觉到旅游给身心健康带来的益处，开始喜欢并主动去旅游，这时对旅游的态度转为同化阶段；随着旅游经验的增多，开始把旅游作为现代人生活方式的一部分，作为自己生活的一项基本需要，这时态度进入内化阶段，至此就完成了旅游态度形成的全过程。但也有很多人对旅游的态度只停留在同化阶段或服从阶段。

（二）影响态度形成的因素

态度不是与生俱来的，而是在后天的生活环境中通过学习形成的。态度的形成受到多方面因素的影响，既有客观的因素，又有个人主观的因素。这些因素主要有以下几点：

1. 需要的满足程度

人们对一个认知对象是否能形成满意的态度，主要取决于该认知对象对个人欲望、需要和动机的满足程度。对那些能够满足个人欲望、需要和动机的对象，人们容易产生好感，形成满意的态度；否则，就容易产生厌恶感，形成不满意的态度。例如，旅行社提供的服务质量好、收费合理，能够满足旅游者的需要，旅游者就会对其持满意的态度；如果服务质量差、收费又高，则无法满足旅游者的需要，旅游者就会对其持不满意的态度。态度会直接影响到旅游者选择的倾向性。

2. 个体的经验和知识

个体的经验是态度形成的重要因素。例如，一个去过某地旅游的旅游者，通过与旅行社工作人员的接触与交往，对当地的旅游服务形成了一个态度，即愉快的交往经验带来肯定的态度，痛苦的交往经验导致否定的态度。极端深刻的事例也会促使人们形成针对特定对象的强烈态度。比如某些事件给人带来了出乎意料的幸福体验，或者极其深刻的创伤，它们会在人的心理上留下不可磨灭的印迹。在旅游活动过程中，对山水的体验、对人文的感悟及人际交往等，都可能使旅游者获得一定的经验，或感受到日常生活中无法感受的心理波动，进而形成相应的态度。

3. 群体的态度

一个人生活在一定的社会群体中，他对于认知对象的态度，在很大程度上会受到所属群体的影响。在旅游团队中，同一群体的成员之间产生模仿和相互作用的现象尤其明显。在旅游线路的选择、旅游商品的购买等方面，群体的态度是个人态度的重要参照系。例如，在一条旅游线路上，有些景点可能一些人不想去，但如果团队中有较多的人选择去看一下，不想去的旅游者可能也会一起去。个人的态度很容易受到团队的影响而发生改变。

4. **个体的性格特点**

由于人与人之间的性格特点、个性倾向性不同，对于不同的事物就有不同的喜好。在旅游活动中，有人喜欢人文的旅游景点，也有人喜欢在自然的旅游环境中放松身心，因此，人们对不同的旅游线路也就会有不同的态度。上述几个因素对于旅游态度的影响程度要视旅游者的具体情况而定，但各种因素都或多或少地影响着旅游态度的形成。

任务二　熟悉旅游态度与旅游行为

☞ 情境设计

游客小李对大海有着特别的感情，尤其喜欢海上的各种活动。在大东海游览时，有些项目是自费项目，小李没有丝毫犹豫，马上报名参加。小李先是体验海上摩托艇，在海上飞驰让小李体会到速度与激情。接下来小李又去潜水，畅游在海底世界，与热带鱼共舞，欣赏另一番美景。当小李在积极投入海上各种项目时，游客小张却对这些没有参与的欲望，小张是个旱鸭子，对水有些畏惧，但他是个摄影高手，走到哪儿拍到哪儿，他更喜欢用相机记录美景。

根据以上情境，完成下列任务：

1. 讨论影响游客小李和小张旅游偏好的原因有哪些？
2. 游客小李和小张的偏好怎样影响他们的旅游行为？

☞ 任务分析

两名游客在旅游活动中的不同旅游偏好，是由于他们具有不同的技能和爱好，小李擅长游泳，所以对水有自然的亲近感，喜欢各种海上活动；小张不会游泳，但是个摄影高手，所以他更喜欢拍摄照片，这就形成他们在旅游中有不同的旅游行为，进行不同的旅游活动选择。

一、旅游态度

旅游态度是人们对旅游对象和旅游条件做出行为反应的心理倾向，是行为反应的心理准备状态。旅游者的态度决定旅游者的行为，行为是态度的外在表现，只有旅游态度没有旅游行为，也构不成旅游活动。旅游者的态度直接影响旅游者的外在行为表现，如果一个旅游者喜欢新事物、探索欲强，那么他就喜欢冒险、乐于接受新事物。

拓展知识

普洛格理论认为旅游者可分为心理中心型和他人中心型。心理中心型又称安乐小康型，该类型的人内心体验深刻、考虑自己比较多、性情压抑、不爱冒险。另一种是他人中心型，又称为追新猎奇型，该类型的人自信、探索欲强、外向、喜欢冒险、乐于接受新事物。

二、旅游偏好

旅游偏好是指旅游者趋向于某一旅游目标的心理倾向，它建立在旅游者极端肯定态度的基础上。人们对旅游的态度一旦形成，便会产生一种对旅游的偏好和行为倾向，直接影响到人们的旅游行为。

（一）影响旅游偏好的因素

旅游偏好将直接影响旅游者的行为。具体而言，影响旅游偏好的因素主要包括以下几个方面：

1. 外在的影响因素

思想影响人的行为，社会文化作为人思想的主要来源直接影响着人们的态度和行为，同时也影响着旅游偏好的形成。随着科技的不断进步，网络文化正在不断地影响着我们的生活。受这些新鲜事物的刺激，人们也会选择以结伴自由行的方式出游，在旅游活动中偏好个性张扬的产品。

群体行为对个体旅游偏好的影响体现在当个体没有特别的偏好时，则会依从群体的选择。当身边的旅游者都选择购买当地的旅游纪念品和特产时，个体也会受到群体的影响，接受群体的偏好而购买纪念品和特产。

2. 内在的影响因素

旅游者态度的强度和复杂程度影响着个体旅游偏好的形成。旅游者态度的强度是指旅游者个体对态度对象赞同或反对的程度。一般情况下，态度的强度越大，态度就越稳定，改变起来也就越困难。旅游者态度的强度和旅游产品的突出属性和旅游者的需要有关。旅游者希望通过旅游活动来满足自己的旅游需要，而旅游需要能否得到充分的满足，则取决于旅游产品的突出属性。旅游产品的突出属性越鲜明、越独特，对旅游者的吸引力就越大，就越能形成旅游偏好。在旅游市场，每个旅游景区都是以其鲜明独特的性质和优势赢得旅游者的偏好，并占有一席之地的。旅游从业人员要按照旅游者所寻求的对旅游对象收获去理解他们的行为，识别与其提供的旅游服务相联系的突出属性，真正满足旅游者的需要。

旅游态度的复杂度是指人们对外界事物认知水平的高低，对所掌握对象信息了解的程度。通常，旅游者掌握信息种类和数量的多寡反映出他们对态度对象的认知水平，也反映出他们的行为倾向。一般来说，旅游者对某一旅游产品的倾向性信息越多、越完整，就越可能导致偏好的形成。例如，旅游者在选择旅游地时，首先要广泛收集信息。如果掌握的该旅游地的信息量和信息种类很多，如景点富有特色、道路平坦、交通便利、服务设施完善、社会治安良好，那么他就会对去该地旅游产生偏好，形成肯定的态度；如果对某一旅游地了解不多，他就会犹豫不决，很难形成肯定的态度。

（二）旅游偏好的形成

旅游者在形成旅游偏好的过程中，首先要学会权衡和评价自己对旅游对象的收获，经过分析和比较，如果认为各种收获可以满足自身旅游的需要，旅游者就会产生旅游偏好。旅游者的旅游偏好取决于该对象对他的吸引力，旅游偏好使得个体对特定产品进行优先选择。旅游偏好的形成是经过一系列过程发展而来的，个体做出旅游决策是希望个人的需要得到满足，而旅游工作者更好地服务旅游者是为了带来更大的经济效益，这其实是个双赢互利的过程，所以旅游者在进行旅游决策时，往往会考虑旅游对象能给他带来哪些利益。总而言之，旅游者形成旅游活动需经历以下过程：通过对相关信息的认知和收集，形成旅游态度，产生旅游偏好，最后产生旅游决策和旅游行为。旅游偏好是建立在旅游者极端肯定的态度基础上的，很难被直接观察到，必须通过旅游者的行为，才能间接地推断偏好的存在和强烈程度。旅游偏好的形成过程如图 4-3 所示。

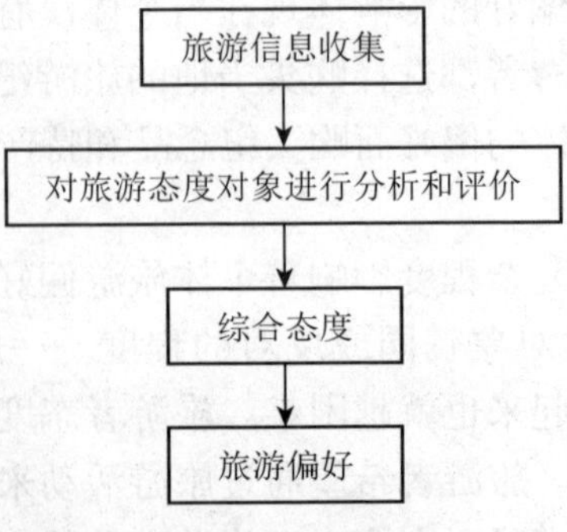

图 4-3　旅游偏好的形成过程

三、旅游决策

态度对旅游者行为的影响直接体现在对旅游决策的影响上。旅游者在旅游活动中面对的第一件事就是旅游决策，它要解决的问题反映出旅游者的心理需要。想要达到什么样的目的，是要放松休息、摆脱乏味的日常生活，还是开阔眼界、增加知识见闻；选择什么样的旅游线路和景点，是娱乐消遣型线路、度假保健型线路，还是参观游览型线路；采取什么样的旅游方式，是包价旅游、半自助游，还是自助游等。旅游者做出旅游决策，要经历一系列的心理步骤。

首先，旅游者要广泛收集各种旅游知识和信息，如各种媒体的旅游宣传和旅游广告等，收集到的旅游信息的多少和准确程度，会直接影响到旅游决策的质量。其次，在收集到足够的信息资料后，旅游者要进行分析、对比，形成某种态度。态度一旦形成，就会形成某种偏好或意图，进而影响人们的旅游决策。当然，偏好或意图能否导致具体的旅游行为，还要受到各种社会因素的影响。例如，某人可能对某旅游景区感兴趣，在假期到该地旅游的意图很强烈，但由于周围的朋友都选择到另一个景区旅游，他最终放弃了自己的打算，和朋友们一同去了另一个景区。最后，决策做出后，旅游者将会采取具体的行动，从而接触新环境，接受新信息，开始新的决策过程。

任务三　掌握旅游者态度的改变

☞ 情境设计

李红看到大多数游客都纷纷参与各种项目的体验活动，只有游客张先生一个人没有参加，李红觉得来一次三亚，没有与海水亲密接触，没有看到海底的美丽，觉得会有遗憾。于是，李红找到张先生，在和张先生聊天中得知张先生不会游泳，而且在学习游泳时被呛过，从此不敢下水了。针对这种情况，李红给他一个建议："张哥，你可以体验一下潜水艇啊，那个没有一点危险。人坐在船里，直接到海底，可以欣赏美丽的海底世界，而且你也可以拍拍海里的鱼、珊瑚啊。"李红的话打动了张先生，张先生欣然接受了建议。

根据以上情境，完成下列任务：

1. 讨论游客张先生的态度为什么会改变，李红都做了什么。
2. 改变旅游者态度有哪些策略？

☞ 任务分析

由于团队中的大多数游客都去体验海上项目了，张先生也有点动心，导游李红在与他交流时，针对他的经历，一方面表示了关心，另一方面又给予了合理的建议，特别针对他爱好摄影的特点，提出可以拍摄海底世界，激起了张先生的兴趣，最终张先生改变了态度，也参加了海上项目。

一、态度的改变

态度的改变是指一个人已经形成的态度在接受了某一信息后所发生的相应变化过程。一般来讲，态度是比较稳定、不易改变的，但这并不意味着态度是不可改变的。当个体所处的社会环境发生变化时，态度也必然有或大或小的变化。一般有下列两种情况：

一是一致性的改变，态度发生一致性改变时仍会保持原来的方向，只是改变了原有的强度，即只是增加积极（或消极）态度的强度，使之成为一种更强烈的积极（或消极）态度。比如旅游者对一些新的旅游项目从比较喜欢到非常喜欢，这就是一致性的改变。

二是不一致性的改变，态度发生不一致性改变时，其方向与原有态度的方向完全相反，积极的态度会变为消极的态度，或者消极的态度会变为积极的态度。比如某人对旅游一直持否定态度，后来，由于环境的影响和切身的体会，对旅游的态度从否定到肯定。我们通常所说的态度改变，更多的是指不一致性的改变，即方向上的改变。对个体来说，态度的改变实质上是一种新态度的形成。态度从一个极端到另一个极端，既是方向的改变，也是强度的改变，而且表明强度变化很大。

特别提示

态度改变的过程，实际上是一个沟通、劝导的过程。在特定的社会情境中，说服者通过各种方法有意识地向被说服者传递经过精心组织的信息，让被说服者接受。同时，这个说服过程是在一定客观情境中进行的，情境也会影响说服的效果。另外，说服效果还受到被说服者特点的影响。每个人都有自己独立的意识，被说服者已有的态度和特质将影响其对说服信息的接受程度。说服过程的基本模型，如图 4-4 所示。

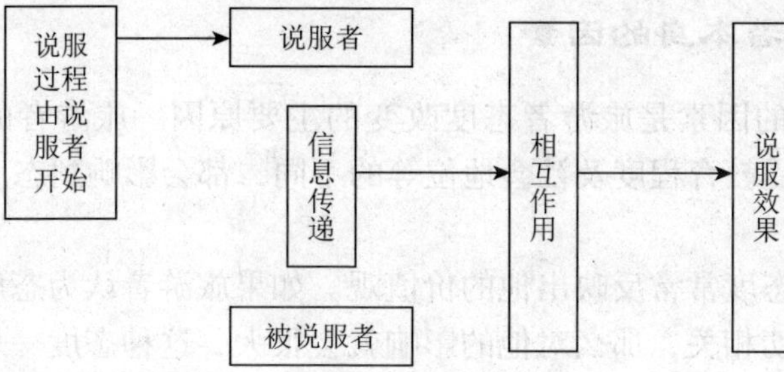

图 4–4 说服过程的基本模型

二、影响旅游者态度改变的因素

态度的改变会受到诸多因素的影响，要有效地改变旅游者的态度，必须充分把握影响态度的因素，针对各种各样的因素采取行之有效的方法，做出相应的对策。影响旅游者态度改变的因素主要有以下几个方面：

（一）态度本身的特性

1. 态度的强度

旅游者态度的强度指旅游者对某一旅游对象赞成或反对、喜爱或厌恶的程度。一般来说旅游者受到的刺激越激烈、越深刻，态度的强度就越大，因而形成的态度就越稳固，也就越不容易改变。如旅游者在旅途中丢失贵重物品，会使旅游者产生不满或者恐惧，因而对某旅途中的安全问题会产生强烈的否定情绪。这种强硬的态度一旦形成就难以改变。

2. 态度的稳定性

对于某事物对象前后持一贯的态度而已经成为习惯的反应，则态度不易改变。比如旅游者在某景点购物时被骗，他对该地旅游购物就产生了否定的态度。之后如果又有朋友在那里被骗，那么这种态度就不会轻易改变了。

3. 态度的价值性

态度的价值性是指态度的对象对人的价值和意义的大小。如果态度的对象对旅游者的价值越大，那么对他的影响就会很深刻，因此一旦形成某种态度后，就很难改变；反之，态度的对象对旅游者的价值小，他的态度就容易改变。

4. 协调一致性

一个人的态度中包含认知、情感和行为倾向三种成分，三者越协调一致，态度就越稳定，越不容易改变。如果三者之间出现了分歧，其稳定性就变差，态度改变也就比较容易。

（二）旅游者本身的因素

旅游者本身的因素是旅游者态度改变的主要原因。旅游者的需要、智力水平、性格特点、受教育程度及社会地位等的不同，都会影响到态度的改变。

1. 价值观

个体的种种态度常常反映出他的价值观。如果旅游者认为态度对象与他个人的基本价值观密切相关，那么对他的影响就会很大，这种态度一旦形成，一般不易改变。

2. 人格特征

从性格上看，依赖性较强的接受者信服权威，缺乏判断能力，容易改变自己原有的态度；反之，自尊心较强、自我评价较高的接受者独立性强，不容易被他人说服，因而不容易改变态度。社会赞许动机的强弱也是影响态度转变的因素，高社会赞许动机的接受者易受他人及公众的影响，易于接受说服。

3. 学识能力

一般来讲，学识能力强的人，能准确分析各种观点，具有较强的判断能力，进而能根据自己的认识主动地改变自己的态度，不容易受他人左右；反之，学识能力弱的人，难以判断是非，容易被说服暗示，常常人云亦云，因而容易被动地改变态度。

（三）外界条件的影响

除了态度本身的特点和旅游者个体的因素外，一些外界因素对旅游者态度的改变也起重要的作用。这些外在因素主要包括以下几点：

1. 信息的作用

任何态度的转变都是在接收的信息与其原有态度存在差异情况下发生的，旅游者接收到的信息是他们态度形成和转变的基础。信息的一致性越强，形成的态度就越稳定，越不容易改变。

2. 旅游团队内部的影响

态度具有相互影响的特点，在旅游团队内部，旅游者之间在角色身份、目的和利益上具有相同或相似性，彼此的意见也容易被接受，这样自己原来的态度就会有所改变。比如对某一自费旅游项目，某人可能原来不想参加，但在其他旅游者的影响下他改变了态度，又去参加了。

3. 群体的影响

不同的群体在活动中会有自己的规范和习惯力量，这会无形中形成一种影响团体内成员态度的压力。当个人与所属团体内大多数人的意见一致时，他就会得到有力的支持；否则，就会感受到来自团体的压力。

拓展知识

态度改变实验

实验目的：不同的活动方式对美国家庭主妇吃动物内脏的态度的影响。

实验方法：勒温把被试分为两组。一组为控制组，他对这一组被试采用演讲的方式亲自讲解动物内脏的营养价值、烹调方法、口味等，要求他们改变对动物内脏的厌恶度，把它作为日常食品。另一组为实验组，勒温组织被试者共同讨论动物内脏的营养价值、烹饪方法、口味等，并且分析使用动物内脏做菜可能遇到的困难，如丈夫不喜欢吃的问题、清洁的问题等，最后由营养专家指导每个人亲自实验烹煮。

实验结果：控制组有3%的人采用动物内脏为菜；实验组有32%的人采用动物内脏为菜。

实验分析：实验组和控制组在态度改变上可以被划分为主动型和被动型两大类。前者主动介入群体活动，他们在讨论中自己提出问题并自己解决它，因而态度改变比较快。他们参与政策的制定，参与权力的推行，同时能自觉遵守群众规范等。而后者被动参与群体的活动，他们很少把演讲的内容与自己相联系，因而态度就难以改变。他们服从权威，服从别人制定的政策，遵守群体规范等。实验结果告诉我们：主动参与群体决策的制定过程，有利于参与者态度的改变。

（资料来源：秦炜 . 旅游心理学［M］. 广州：广东旅游出版社，2009.）

三、改变旅游者态度的策略

旅游者态度的改变，会涉及多种因素。要有效地改变旅游者的态度，就要充分把握影响态度改变的因素，针对各种因素的变化，做出相应的对策。

（一）更新旅游产品，提高旅游产品质量

旅游产品是旅游者在旅游过程中所购买的各种物质产品和服务的总和。从某种意义上讲，更新旅游产品是改变旅游者态度最有效的途径。不断地更新旅游产品，使之与旅游者的需要相适应，是影响旅游者改变态度的最有说服力的因素。

从旅游者的角度看，旅游产品是旅游者在旅游活动中为实现旅游目的而需要的各种产品。从整体看，旅游产品是一种组合型产品，它由旅游吸引物、旅游设施、旅游服务等多种要素组成。旅游者在旅游活动中对整体旅游产品的认识和评

价，构成了他们的旅游态度。

当今的旅游市场，参与型、娱乐型、体验型、探险型等旅游项目越来越成为旅游者的时尚需要。在这种形势下，要改变旅游者的态度，最有效的方法是把握市场走向、更新旅游产品。只有不断创新、调整和改善旅游产品结构，才能满足不断变化的旅游消费需要。

（二）加强旅游产品的宣传

态度形成和改变的关键是人们对态度对象的认知。信息是影响认知形成的重要因素。通过旅游宣传，向旅游者传送新知识和新信息，有助于旅游态度的改变。

1. 重视宣传方式

说服者首先要重视信息的传播方式，通过人们能接触到的各种媒介进行全方位宣传，以引起人们的注意。可以利用名人效应，增强旅游产品的吸引力。但是请明星做代言拍摄各地旅游宣传片已经泛滥，越发没有市场竞争力。景区跨界综艺节目营销成为新的趋势，影视 IP 植入也带火了相当多的旅游地。在人人都是传播者、人人都是放大镜的时代，西安摔碗酒、重庆轻轨穿楼、四川稻城亚丁，甚至巴哈马的粉红沙滩等国外风景都以极高的频率出现在抖音、快手、微博等社交媒体上，使游客纷纷慕名前去。在信息传播中，叠加式重复宣传也很有效果，反复进行宣传会使人们产生印象积累，使之获得积极的熟悉感，从而倾向于认同和选择。当然，进行叠加式重复宣传必须有变化的成分，因为简单的重复会成为单调的刺激，降低人们的注意力与接受程度，所以要以丰富、变化、新颖的信息吸引人们的注意。

2. 要有针对性

宣传效果与旅游者的心理特点有密切的关系，根据被说服者的心理特点有针对性地进行宣传，才能产生良好的说服效果。例如，重庆某旅行社把握长江三峡库区建设的契机，巧妙地利用三峡的变化引导旅游者前来观光，收到了很好的效果。在三峡工程伊始，该旅行社率先推出“告别长江三峡游”，继而推出“三峡工程观光游”“即将沉没的三峡故景游”，一直到“畅游新三峡，看长江新气象”等，不断吸引旅游者对长江三峡的关注，激发旅游者的好奇心，很多旅游者在同一线路上多次游览，旅行社也因此取得不错的效益。

一般来讲，旅游者在选择旅游线路的时候，比较倾向于到从未去过的地方体验新奇的感受，而不愿意重复购买同一旅游产品。本例中，造成旅游者态度改变，并会多次游览的原因在于，旅行社针对旅游者怀旧、好奇、求知的心理，巧妙地利用了长江三峡景区特色的变化，不断挖掘景区的吸引力，使旅游者对宣传的内容作出判断，进而认同。在商业宣传中，只从一个角度传达某种信息，比如只向消费者说明商品的优点，被称为单方面宣传；而从多个角度传达多种信息，比如在展示该产品在同类商品中所独有的优点的同时，把商品中存在的一些不完善的地方告诉消费者，这种优点和缺点并举的方法被称为多方面宣传。目前，许多商业性广告进行的都是“一边倒”式的宣传，即在宣传中，只说自己产品的优点，而绝对不讲它的不足。从社会心理学角度看，“一边倒”式的宣传并不能发挥多大作用，特别是对一些知识经验丰富或教育程度较高的人来说。在旅游销售过程中，当旅游者的态度和宣传者提倡的态度方向一致，或者旅游者相关的知识经验不足时，单方面宣传比较有效；而当两者态度方向不一致时，或者旅游者相关的知识经验丰富时，多方面宣传可以向他们提供更多的信息，使之在权衡利弊后作出判断。因而，在进行宣传时，还必须因人而异，要考虑被说服者的性别、年龄、职业等，针对不同对象采用不同的宣传策略和宣传方法。

3. 把握宣传技巧

要进行说服宣传，并期望旅游者改变态度，不能急于求成。说服者要把握被说服者的心理，循序渐进。

（1）不断缩小态度差距。通过说服宣传来改变旅游者的态度时，如果要求其改变的态度与原来的态度差别过大，则不能操之过急，而应逐步提出要求，不断缩小态度差距，最后达到改变态度的目的。否则，提出的要求过高，不但难以改变旅游者原来的态度，反而会使其产生逆反心理，而更加坚持原来的态度。

（2）把握宣传的时机。一般要在对方对所宣传的内容比较感兴趣时进行宣传较为合适。在对方没有准备接受说服之前，不要急于去说服对方，因为，如果对方无丝毫诚意，无论你说得如何动听，他也听不进去。遇到这种情况，可以先谈论一些比较次要的话题，并弄清对方拒绝的原因，然后选择另一个成熟的时机再继续进行说服工作，把自己真正想要表达的内容传达给对方。

（3）做好信息的组织。在信息的组织方面，应鲜明、生动、语言通俗、简洁、明快，使人们容易理解信息，从而很快作出是否认同宣传内容的判断。说服者传达的信息如果能与被说服者的个人经验发生共鸣，态度的改变将很容易发生。否则，很可能会导致抵抗和拒绝接受信息。

（4）说服者的影响力。在说服宣传过程中，还要注意说服者对被说服者的影响，一般来讲，说服者的可靠性、权威性强和被说服者的相似性比较高，人们对他的信任就比较高。那么，由该说服者传达的信息更容易让被说服者理解和认同，进而也就越容易改变他们的旅游态度，许多产品请名人做广告的目的就在于此。2014 年途牛旅游请来林志颖父子代言，邓超连续两年为携程代言，同程网邀请佟大为担任未来两年的品牌代言人，瑞士国家旅游局选择黄轩出任形象代言人，丁真成为理塘县旅游形象大使等，我国经济进入了粉丝经济时代，旅游业竞争中无疑已经进入了“明星战”。

拓展知识

权威效应

美国心理学家们曾经做过一个实验：在给某大学心理学系的学生们讲课时，向学生介绍一位从外校请来的德语教师，说这位德语教师是从德国来的著名化学家。试验中这位“化学家”煞有其事地拿出一个装有蒸馏水的瓶子，说这是他新发现的一种化学物质，有些气味，请在座的学生闻到气味就举手，结果多数学生都举起了手。对于本来没有气味的蒸馏水，由于这位“权威”的心理学家的语言暗示而让多数学生都认为它有气味。在人际交往中，利用“权威效应”还能够达到改变或引导对方态度和行为的目的。

（5）宣传时要注重情感运用。态度的构成成分中，情感因素居于核心地位，起决定作用，所以可以在宣传中用诉说情感的方式来打动对方，使其改变态度。黑龙江旅游局在2016年开年，在自媒体上讲了一个《这里不仅有冰天雪地》的人生故事。将五个重要的人生节点——儿童、少年、青年、壮年、老年中发生的重要事件，结合黑龙江的冬日风光，还原成五个与冰雪相结合的人生场景，简单的故事，简单的布景，传递的却是一种源自黑龙江冬天的温馨。“时间走得飞快，一辈子显得太短”迅速引发受众的情感共鸣。

（三）引导人们积极参加旅游活动

从心理学的角度，个体所从事的社会活动的性质能决定个体的态度，也能改变个体的态度。因此，通过有意识地引导人们参加旅游活动，有助于改变一个人原来的态度，促使其对旅游产生积极的态度。当一个人离开居住地，摆脱日常生活而外出旅游时，往往能在这种特殊活动中了解新事物，结识新朋友，获得新机会，经历新体验，进而接受新的有关生活和旅游的信息，从而改变原有的旅游态度。

拓展知识

游客的谅解

导游小王带领旅游团到西安、苏州和桂林旅游。客人没到西安时就说，一定要尝尝“羊肉泡馍”这道风味小吃。到了西安，小王却把这件事给忘了。等到了桂林，没想到客人又提起这件事，这可把小王吓了一跳，他赶紧向客人道歉，并表示要在桂林加歌舞，以此作为补偿。没想到，客人不仅没有提什么意见，反而把小王安慰一番。这是为什么呢？原来，前不久，小王做了两件让客人非常感动和佩服的事情。第一件事，大家目睹在西安时小王帮两位游客抓小偷。第二件事，在苏州寒山寺，有几个外国人在运河边照相，突然，其中一位老先生不小心掉进河里，小王正好在现场，立刻就跳到河里救人。

分析：案例中的导游小王通过抓小偷和救人，突出表现了他见义勇为的高尚品质。这种高尚人格使游客对他产生喜欢、敬佩的积极情感。于是，他在西安漏订羊肉泡馍的失误自然就得到游客的谅解。

思考与练习

一、填空题

1. 态度主要包括三种成分，即认知成分、________和意向成分。

2. 态度形成需要经历________、________、内化三个阶段。

3. 改变旅游者态度的方法主要有：________、________和引导人们积极参加旅游活动。

4. 态度具有对象性、习得性、________、稳定性与________等基本特征。

二、选择题

1. 在态度的三种成分不协调时，（　　）占有重要地位，往往决定行为倾向。

A. 认知成分　　B. 情感成分　　C. 意向成分

2. （　　）是指个体自愿接受他人观点、信念、行为或信息，使自己的态度与所要形成的态度相接近。

A. 服从阶段　　B. 同化阶段　　C. 内化阶段

3. 酒店服务中经常会有“回头客”光顾，“回头客”的多寡反映出旅游者对酒店服务的态度。“回头客”体现出态度的（　　）特征。

A. 对象性　　B. 习得性　　C. 稳定性　　D. 价值性

三、判断题

1. 态度与行为相互一致，有什么样的态度，就有什么样的行为。（　　）

2. 自尊心强的人，不容易接受他人的劝告，因而态度很难改变；反之，自尊心弱的人态度容易改变。（　　）

3. 一个人的态度中包含认知、情感和行为倾向三种成分，三者越协调一致，态度就越稳定，越不容易改变。（　　）

4. 态度由认知、情感、意向三个要素构成，当三者间发生矛盾和冲突，特别是认知与意向之间发生矛盾和冲突时，将导致态度与行为的不一致。（　　）

四、问答题

1. 什么是态度？态度是怎样形成的？

2. 影响态度形成的因素有哪些？

3. 哪些因素会影响到人们的旅游偏好？

4. 影响旅游者态度改变的因素有哪些？

5. 如何改变旅游者的态度？

项目五　体验旅游者的情绪与情感

学习目标

1. 了解情绪、情感的定义；
2. 理解影响旅游者情绪和情感的因素；
3. 掌握对旅游者情绪和情感的调节与控制。

项目分析

在旅游活动中，旅游者要接触自然界的各种事物，面对不同的社会现象和形形色色的人。这会使旅游者产生深浅不同的认识，而且伴随着不同的心理体验，有的使人喜欢、愉快、兴奋，有的则会使人惊奇、赞叹，还有的使人恐惧、忧愁、痛苦，这些心理体验就是人的情绪和情感。研究旅游活动过程中旅游者的情绪和情感，将有助于旅游产品与服务工作的改进和提高。

任务一　了解旅游者的情绪与情感

☞ **情境设计**

李红虽然第一次带团，经验不是很足，但游客对她还比较满意，还常常表扬她。李红带团的诀窍并不在于对景点的精彩讲解，而在于她和客人的交往。在三亚旅游中，有位老先生咳嗽了一声，李红就赶紧上前去问老先生是不是感冒了，要不要去医院看一看，她的关心使老先生很感激，晚上入住酒店后，她还主动买了感冒药去客房看望这位老先生。在一次聚餐结束后，一位游客吃了海鲜不适应，肚子疼，李红跑前跑后，又是买药又是照顾。由于李红把游客当家人一样照顾、关心，得到了团里游客的一致称赞，也使李红的初次带团进行得比较顺利。

根据以上情境，完成下列任务：

1. 讨论李红带团让游客满意的原因是什么。
2. 讨论做一名导游应具备哪些素质。

☞ 任务分析

导游李红将自己的感情融入对游客的服务中，营造了一个亲切温暖的氛围，让他们产生宾至如归的感觉，并赢得他们的认可。游客在旅游活动过程中，不仅认识了旅游资源、旅游产品、旅游服务的方式等客观事物，还表现出对客观事物的不同态度，对这些态度的体验就是情绪和情感。

一、旅游者的情绪体验

（一）旅游者的情绪

情绪，是指个体对认知对象的特殊态度，是以个体的愿望和需要为中介的一种心理活动。情绪是由某种刺激引发，自然环境、社会环境及人的自身都可能引发情绪反应，情绪产生的根源在于客观现实本身。情绪是由独特的主观体验、外部行为表现、生理唤醒等复杂成分构成。

首先，情绪是一种主观体验，是个体对反映对象的一种带有倾向性的特殊态度。情绪与个体的需要联系密切，但并不是客观世界的所有事物都会引起个体的情绪，只有与人的需要有直接或间接联系的事物，才能使人产生情绪体验。

其次，情绪总是与一定的行为表现相联系。欢乐时人们总是手舞足蹈、眉飞色舞，悲伤时眉眼低垂，愤怒时暴跳如雷、双目圆睁。

最后，一定的情感状态总是伴有内脏器官、内分泌腺和神经系统的生理变化。比如，大多数人在紧张时表现为呼吸频率加快、血压升高等生理指标的变化。

（二）旅游者情绪的类型

旅游者的情绪是作为对事物的一种反映形式存在的，由于世界上事物的绚丽多彩，构成了人与客观事物之间关系的丰富多样，使情绪产生了极为丰富和复杂的内容。为了便于理解和把握，根据情绪的性质、状态，可以做出如下两种不同的分类。

1. 根据性质分类

（1）快乐。它是人们在追求并达到所企盼的目的时所产生的情绪体验。比如，人们在旅游中一路顺利，而且欣赏了优美的自然风光，参加了富有情趣的活动，就会产生愉快和快乐的情绪体验。快乐的程度取决于愿望的满足程度和满足的意外程度。快乐的情绪从微弱的满意到狂喜，分成一系列程度不同的级别。

（2）愤怒。比如，人们外出旅游时交通工具出现故障，或者飞机不按时起飞，火车不正点到站等，都能引起人们的不满情绪。如果旅游工作者不能及时地化解这种不满情绪，或者对游客的询问置之不理，甚至不屑一顾，就会引起游客的愤怒。愤怒的程度取决于对妨碍达到目标对象的意识程度。愤怒从弱到强的变化是：轻微不满—愠怒—怒—愤怒—暴怒。

（3）恐惧。它是人们企图摆脱危险情景时产生的情绪体验，引起恐惧情绪的重要因素是缺乏处理可怕情景的能力。比如，旅游者独自到一个人迹罕至的地方去探险，如果中途迷路或遇见可怕的情景，他就会体验到恐惧。消除恐惧情绪要靠镇定和勇敢，以及战胜一切困难和危险的信念。

（4）悲哀。它是指人们失去自己心爱的对象或自己所追求的愿望破灭时所产生的情绪体验。比如，游客由于一时疏忽或其他原因，把一路上拍摄的旅游风光照片丢失，他的悲哀可想而知。悲哀的程度取决于所失去的对象和破灭的愿望对个人或社会价值的大小。悲哀按程度的差异表现为失望—遗憾—难过—悲伤—哀痛。

（5）喜爱。它是指人们因满足需要而产生的情绪体验，喜爱表现为接近、参与、欣赏或获得。事物、活动、艺术品和人，都可以是人们所喜爱的对象。

2. 根据发生的强度、速度、持续时间分类

（1）心境。它是一种比较微弱、平静而持久的情绪体验。它平静而微弱，持续而弥散，某种心境在某一段时间内影响着一个人的全部生活，使人的语言、行动及全部情绪都染上了这种心境的色彩。一个人在愉快、喜悦的心境中，仿佛一切都染上了快乐的色彩，看什么都那么顺眼，对一切都感到满意，而处在忧伤心境的人，在一段时间里会表现得无所不悲，仿佛一切都染上了忧伤的色彩。

心境分为暂时心境和主导心境两种。

由当前的情绪产生的心境，叫暂时心境。例如，人们在欣赏艺术表演时会产生愉快的心境，当演出结束后，这种心境还会持续一段时间，但不会很长。随着其他情境和事物的出现，这种心境就会逐渐消失。

由一个人的生活道路和早期经验所造成的个人独特的、稳定的心境，叫作主导心境。它决定着一个人的基本情绪面貌。一个有良好主导心境的人，总是朝气蓬勃，具有乐观的情绪，对这样的人，别人就比较愿意并容易和他交往；一个具有不良主导心境的人，就会经常表现为失望、忧愁和情绪消沉，别人也不太容易和他交往。但是，对主导心境不佳的人，更需要给以热情的关心、帮助，并予以谅解。

心境的产生总是有原因的，而且原因也是多种多样的。个人生活的重大事件，事业的成败，工作的顺利与否，与周围人相处的关系等都能引起某种心境。

此外，身体健康程度，时令、季节的变化等自然现象，甚至记忆中对事物的回忆有时也会影响一个人的心境。

（2）热情。它是一种强有力的、稳定而深厚的情绪体验。它有两个基本特征：第一，热情是强有力的，它影响人的整个身心，是鼓舞人去行动的巨大力量；第二，热情是深厚的、稳定而持久的，它使人长久地、坚持不懈地去从事某种活动，并对这种活动产生愉快、满意等积极、肯定的情感体验。

（3）激情。它是一种猛烈的、迅速爆发而短暂的情绪体验。例如，狂喜、恐惧、绝望等，都属于这种情绪状态。

激情是由于对人有重大意义的强烈刺激所引起的，这种刺激的出现及出现的时间往往出人意料，激情发生时伴有内部器官的强烈变化和明显的表情动作。如愤怒时，紧握拳头，全身发抖；恐惧时，毛骨悚然，面如土色；狂喜时，手舞足蹈，欢呼雀跃。

激情有积极和消极之分。积极的激情与理智和坚强的意志相联系，它能激励人们克服艰险，成为正确行动的巨大动力。如运动员参加国际性比赛时，为国争光，打出国威，夺取胜利，这就是激励他们力量的源泉。而消极的激情对有机体活动具有抑制作用，这使人的自制力显著降低。如在绝望时目瞪口呆，呆若木鸡，或者引起冲动的行动，如打人，摔东西等。

（三）旅游者的情绪表现

旅游者的各类情绪发生时，通常伴随着一些外部表现，如面部的表情、身体的姿势、手势及言语器官的活动等，可以被直接观察到，这些统称为表情动作。表情动作能使旅游服务中客我双方语言交流所造成的不确定性和模棱两可的情况更加明确，成为旅游者的态度、感受的最好诠释。同时旅游者的一些不宜言传的思想或行动，会通过表情或肢体语言来传达。由于受到社会文化、道德规范的制约，旅游者情绪的外显行为也具有一定的人为性和伪装性，旅游者的情绪感受被修饰或夸大后，旅游者的情绪体验和表情之间出现不一致性。

表情动作是我们了解旅游者情绪的客观指标之一。旅游者的表情动作可以从该人的面部表情、姿势表情、言语表情三个方面进行识别。

1. 面部表情

面部表情是人们情绪状态的明显反映，观察面部表情主要通过眼睛和面部肌肉的变化。人们常说，眼睛是心灵的窗户，它能够表达人的各种情绪。艺术家在进行艺术创作时，非常重视通过描述人物的眼神来表达人物内心的情绪和情感。口部肌肉的变化也是表达情绪的一种方式，如仇恨时的“咬牙切齿”，紧张时的“张口结舌”等。不同的情绪状态有不同的面部表情：

高兴——眉飞色舞，嘴角上咧；

愤怒——脸上青筋暴露，眼光灼灼逼人；

悲伤——愁眉苦脸，眼神黯淡；

恐惧——目瞪口呆，脸出汗，全身发抖。

特别提示

口部肌肉对表达喜悦、怨恨等少数情绪比眼部肌肉重要，而眼部肌肉对表达忧愁、惊奇等情绪要比口部肌肉重要。

2. 姿势表情

身体各个部分的姿态也被称为姿势表情，其中手、足的动作最明显。我们可以通过观察身体姿态的变化推断人的情绪状态：

高兴——手舞足蹈，捧腹大笑；

愤怒——拳头紧握；

悲伤——哭泣，以手掩面；

恐惧——紧缩双肩，全身发抖。

手势也属于姿势表情的一种，它可以与言语一起使用，也可以单独表达情感做出指示。如“振臂高呼”表示亢奋，“双手一摊”表示无可奈何。心理学家研究表明，手势是通过学习来表达情绪、情感的。在不同的文化背景下，不同手势表达的含义存在着差别，它表现出不同的社会文化和传统习惯的影响。比如，竖起大拇指在许多文化中是表示夸奖的意思，在希腊却有侮辱他人的意思。

3. 言语表情

情绪和情感在音调、强度、节奏、速度等方面的表现，称作言语表情。我们可以通过观察一个人的言语声调、语速、音色判断他的情绪。

高兴——音调较高，语速较快，语音高低差别大，伴随笑声；

愤怒——音调较高，语速较快；

悲伤——音调低，语速缓慢，语调高低差别小，伴随叹息声；

恐惧——声音发颤。

人的情绪状态会通过表情影响他人对自我的人际认知，还会通过表情使周围的人受到感染。所以，能否保持积极良好的情绪状态，对能否做好旅游服务工作和旅游企业的管理工作有重要的影响。

拓展知识

福乐体验

美国杜克大学教授赛克斯·哈里提出的“福乐”（flow）体验，有助于我们描述和理解旅游者的情绪与行为。

福乐体验，就是指个体对某一活动或事物表现出浓厚的兴趣，并能推动人们完全投入某项活动或事务的一种情绪体验。该概念由赛克斯·哈里教授提出，他所指的“福乐体验”是一种包含愉快、兴趣等多种情绪成分的综合情绪，而且这种情绪体验是由活动本身而不是任何外在其他目的引起。根据这一描述，多数旅游者是容易产生福乐体验的人。因此，我们认为，具有福乐体验的旅游者一般具有下列特征：①旅游者强烈地把注意力集中在旅游活动本身；②旅游者的意识与正在从事的旅游活动合二为一；③旅游者的自我意识暂时失去，例如，旅游者在旅途中经常忘却自己出游前的社会身份；④旅游者会出现暂时性失真，典型的比如会觉得时间过得比通常情况下要快；⑤旅游活动体验本身成为旅游者游玩的内在动机，通常情况下完成出门旅游是进行旅游活动的最好理由。

二、旅游者的情感体验

（一）旅游者的情感

情感，是人们对诸如道德、艺术等具有一定文化价值的东西所怀有的一种比较复杂而又稳定的主观态度体验，包括道德感、美感、理智感等。

情绪和情感都是对需要满足状况的心理反应，是同一类而不同层次的心理体验，二者既有区别又有联系。区别主要体现在以下三方面。

首先，情绪更多的是与人的物质和生理需要相联系的态度体验，例如，满足了游客的饥渴需要时他们会感到高兴；情感则更多的是与人的精神或社会需要相联系，例如，游客在旅游过程中，自觉遵守相关道德行为准则和规范以满足自己的道德情感需要。

其次，情绪发生较早，人出生时就会有情绪反应，但没有情感；情感发生较晚，是随着人的年龄增长，在丰富的社会活动中逐渐发展起来。

最后，情绪具有情境性、暂时性、外显性。例如，旅游者遇到危险时会极度恐惧，但危险过后恐惧会消失。情感则具有稳定性、持久性、深刻性、内隐性，如异乡游子对故土的眷恋，家庭出游对家庭成员的关爱等。

情绪和情感又相互联系，它们都是人的主观体验，都是人们在需要满足过程中的反应。情绪是情感的基础；情感在情绪的基础上形成，是对情绪的深化，同时又通过情绪得以表现。

（二）旅游者的情感类型

心理学中的情感一般包括美感、理智感和道德感等。由于理智感一般是与人的智力活动相联系的情感体验，而旅游活动与智力活动的联系相对比较弱。因此，这里我们主要探讨旅游者的美感和道德感。

1. 旅游者的美感

旅游者的美感，是指具有一定审美观点的旅游者对旅游活动中的审美对象（旅游景观或他人、自己）的美进行评价时产生一种肯定、满意、愉悦、爱慕的情感体验。

首先，美感是旅游者的一种主观态度，受到其个人的需要、观点、标准、能力因素的影响。例如，同一景观或事件，在不同的环境中，在不同的旅游者眼中获得的评价和主观体验存在很大差异。其次，美感还受到审美对象属性的影响，例如，多数自然风光、人造的建筑、工艺品等的形式被全人类认为是美。最后，引起旅游者美感产生的客观刺激，不仅包括审美对象的感性特征，也包括事物的思想内容。例如，导游的行为举止、言谈、思想和情感等。如图 5-1 所示，郑州核心商业办公区“大玉米楼”启航新时代的灯光秀既展示了灯光的美轮美奂，又展示了现代建筑的磅礴之美，还体现了新时代人们的奋进之美。

图 5-1　郑州灯光秀

在旅游活动过程中，作为审美对象的旅游景观大多是以生机勃勃的自然万物为构成要素，自然界鲜活直观的生命形式，使游客身临其境、置身其中，从而缩短了审美主体与审美对象之间的空间和心理距离，使人倍感亲切。面对天造地化、瑰丽无比的景观，旅游者常情不自禁地为之赞叹、遐想、感叹，这是一种掺和着复杂情感体验在内的一种高级心理活动。

2. 旅游者的道德感

旅游者的道德感，是指旅游者运用一定的道德标准评价自身或他人的思想、意图和行为时所产生的一种情感体验。如果旅游者自己的言行符合道德标准，同行的旅游者们就会产生满意、愉快、自豪的情感；若其他旅游者符合道德标准，则会对这些旅游者产生赞赏、尊敬、爱慕、钦佩等情感。反之，则会对自己感到不安、内疚，对其他旅游者产生厌恶、反感、鄙视、憎恨等情感。由于道德感具有社会性，因此，不同的历史时代、不同的社会制度、不同的阶级，道德的标准不同。

拓展知识

旅游活动中的“道德弱化”

旅游者离开了日常的生活环境，旅游中出现了一定的隐蔽性和匿名效应，多数旅游者可能出现“道德弱化”现象。主要表现为一是个性扩大化，强调自我感受，如对旅游服务提出过高要求；二是暴露出人性中恶的一面，如举止异常、自私、傲慢等；三是从众心理明显、判断力迟钝，如对不良行为或无理要求的随声附和。

造成旅游者道德弱化的原因主要有以下几方面。

首先，旅游者的好奇心和不安情绪。作为旅游动机之一的好奇心，在旅游活动开始后，会使旅游者在面对不同文化、语言和习俗时产生不安情绪，这种不安会导致旅游者对自我控制的放松而产生道德弱化现象。

其次，旅游的异地性让旅游者远离了自己熟悉的环境，也离开熟悉自己的环境，当一个人以游客的身份“远在他乡为异客”时，在旅游过程中接触到的主要是陌生人，所要处理的人际关系主要是和陌生人的关系，且这种关系只是偶然和短暂的。因此，在这样一个“宽松”的环境中，部分旅游者就会把一些平时想说不能说、想做不敢做的事情说出来，或做出来，这样，旅游者的道德感就会越来越淡薄。所以，我们会看见一些平时生活中道德修养良好、甚至声誉颇佳的谦谦君子也可能会弃小节于不顾，做出有失文明的言行举止。

最后，还有部分旅游者会认为在异地暂时弱化一下道德感没什么大碍，所以常常会选择以牺牲道德规范为代价来保持自己的个性，真正做到“成为自己”“突出自己”“表现自己”，由此表现出一定程度上的道德弱化。对于旅游者而言，平时生活中清规戒律的约束消失了，道德的自律感也会随之弱化，在这种“熟人看不到的地方”，人性中潜在的“恶”的东西总在自觉不自觉地流露出来。

旅游活动过程中由于内外因相互作用而出现的种种旅游者道德弱化的现象，这就要求旅游服务人员一方面要强化旅游活动中的法制道德规范，净化旅游环境；另一方面加强对游客的教育，使他们克己自律，不断提高自身的精神境界，努力做到“慎独”。

（三）旅游者的情感体验

旅游者的情感体验是多种多样的，从空间角度看，既有对他乡的向往，也有对故土的眷恋；从时间角度看，既有对昔日的思念，又有对现实的情怀；从自我角度看，既有对自身的感怀，又有对众生的悲悯。

1. 心系他乡与眷恋故国

旅游者对他乡一般是有好感的，未到之前，心驰神往。比如，墨西哥作家亚马多·内尔沃青年时代就向往法国，为之着迷，到达之后，不愿离开。西周周穆王西游昆仑，乐而忘返。归来之后，意犹未尽，继而故地重游。国画大师刘海粟十游黄山，画家陈克永五登泰山，文学家罗梭游览瓦尔登湖畔，思想家康有为游桂林。当然，对他乡怀有恶感的旅游者也不在少数。近代殖民主义旅游者是这样，现代对他乡抱有偏见的旅游者也是这样。旅游者对他乡的情感是不加掩饰的，发自内心，诸为文字，为后人留下了大量的真实记录。从中我们能够清晰地感到：旅游者对他乡的情感，或克制，或放纵，情感发生与情感体验紧密地交织在一起。

对他乡的情感各不相同，对家园的情感却是一样的，旅游者对家园（家乡、祖国）总是眷恋不已。在这方面，中国旅游者表现尤甚。“举头望明月，低头思故乡”（李白《静夜思》）；“君自故乡来，应知故乡事”（王维《杂诗》）；“独在异乡为异客，每逢佳节倍思亲”（王维《九月九日忆山东兄弟》）。这些脍炙人口的名句均出自旅游者本人的手笔，既是思想情感的表达方式，又是思乡情感的体验记录。

拓展知识

广东省对海外人员疫情期间的回国的指引

2020 年初，受疫情影响，广东省游客在海外可能遇到航班停飞、签证到期或出现身体不适需要就医等情况。广东省人民政府外事办公室获悉，综合有关政策和提醒，就疫情防控期间广东省在海外人员回国事宜发出如下指引：

一、及时改签，联系使（领）馆。如遇航班停飞等情况，请您及时联系航空公司改签其他航班回国，也可拨打外交部全球领事保护与服务12308热线或向中国驻外使领馆反映；如您签证到期且无法自行办理延期，可向就近的中国驻外使领馆求助；如您系旅行团游客，请向组团的旅行社反映协调，也可拨打国内12301旅游投诉热线或联系中国驻外使领馆；如您系单位或企业外派人员，请及时向所在单位或企业报告，寻求最佳解决方案。

二、保持冷静，沉着应对。请遵守当地法律法规，依法理性维权，切勿在国外相关部门或机场喧哗或滋事，引发不必要麻烦，如相关国家出入境有防控检疫措施，请您积极配合。

三、经济困难，亲友相助。如您在海外出现经济困难，请想办法联系国内亲属和朋友提供帮助，解决回国问题。

四、出现症状，及时就医。如您在海外出现发热、乏力、干咳等症状或其他不适，请及时就近就医；如当地医疗机构需要对您采取隔离观察或其他防控措施，请您接受并配合，同时向驻当地使领馆报告。

五、旅行途中，加强防护。旅途过程中请尽量减少与他人的近距离接触，避免前往人员密集场所，并通过佩戴口罩、勤洗手等做好个人防护措施。回到国内，请配合入境口岸相关检疫和防控安排。如您未来短时间内仍有计划出国，请根据自身健康状况合理安排出行，密切关注外方有关肺炎疫情防控的入境管制措施，遵守目的地国家有关入境规定，积极配合目的地国家采取的防疫相关措施。

外交部全球领事保护与服务应急热线：+86-10-12308，+86-10-59913991。

这份针对海外游客提示，让海外的游子在紧张的疫情中感受到了来自祖国的温暖。

2. 感怀自身与悲悯众生

不管是心系他乡还是眷恋故土，也不管是往古之思还是现世之情，旅游情感体验总绕不过感怀自身与关怀众生。身在他乡，常常感怀自身的孤独和大众的艰辛；凭吊古迹，常常引发对个人遭遇的伤感和对众生命运的悲悯；而对现世和故国的热爱，也会引发指向自身和众生的情愫。“前不见古人，后不见来者。念天地之悠悠，独怆然而涕下。”这是唐初诗人陈子昂登幽州古台的情感体验：前代贤君不可复见，后世明主也来不及见到，自己真是生不逢时；想想天地辽阔，竟无英雄用武之地，不禁悲情从中来，怆然泪下。“峰峦如聚，波涛如怒，山河表里潼关路，望西都，意踌躇。伤心秦汉经行处，宫阙万间都做了土。兴，百姓苦，亡，百姓苦。”这是元代张养浩过潼关时的情感体验：潼关依山傍水，地势险要；放眼西安，却令人伤心不已；耗费无数人力，象征秦汉盛世的万间宫阙早已化为尘土。王朝兴亡，百姓遭殃，一腔关心百姓，同情黎民的民本情怀。李白的“故人西辞黄鹤楼，烟花三月下扬州”，写出了对朋友远去的不舍与伤感。如图 5-2。

图 5-2 武汉黄鹤楼

任务二 掌握旅游者情绪的调节与控制

☞ 情境设计

团队里有一位商人田先生，一路上心情很好。他三亚的朋友来看望他，并宴请他。因为田先生不熟悉环境，李红便陪同他一起赴宴。席间，田先生神采飞扬，高兴地应承着宾客的祝福。宾主频频碰杯。李红不慎将桌上的一双筷子掸落在地，田先生的脸色顿时晴转阴天，非常难看，刚举起的酒杯停留在胸前，“哎，你怎么这么不当心，你知道吗？这筷子落地意味着什么？”“落地即落第，考试落第，名落孙山。倒霉啊，我第一次来投资就讨了个不吉利。”李红一听尴尬万分，只知道一直说“对不起，对不起！”这时领班小李来到客人面前，拿了双新筷子双手递给老先生，笑着说：“田老，这筷子落地，筷落，就是快乐啊！快快乐乐的意思！”听了领班这样解释，田先生的脸色才好看一些。

根据以上情境，完成下列任务：

1. 讨论田先生产生不满情绪的原因是什么？
2. 领班小李是用什么方法及时调控了田先生的不良情绪？

☞ **任务分析**

田先生是一位商人，所以特别讲究吉利，吉利会让他们认为生意顺利，进而心情舒畅。这涉及人的情绪，情绪与生活密切相连，游客情绪的变化是衡量旅游服务质量的晴雨表，要学会把握情绪的基本规律，了解游客的情绪状态，掌握调控游客不良情绪的策略以提高服务质量。

旅游者的情绪、情感影响旅游行为，并受到多种因素的影响，掌握旅游者的情绪特征以及影响因素是调节和控制旅游者情绪的关键。

一、情绪情感对旅游者行为的影响

旅游者是在旅游过程中追求积极情绪体验的人，旅游者的情绪、情感状态在很大程度上决定着他们的动机、态度。此外，旅游者的情绪状态对于旅游团队中的人际关系和心理氛围、旅游团的活动效率，甚至对他们的健康都存在着很大的影响。

（一）对旅游动机和旅游者态度的影响

从本质层面看，旅游者选择出门旅游是为了寻求一种好的感受，去掉一些日常生活中不好的感受。因此，旅游者的情绪、情感需求强烈影响着他们的旅游动机，旅游者的情绪状态是自身旅游动机最直接的制约因素。旅游者的情绪状态对自身旅游动机的影响是增强还是减弱，取决于旅游者自身在旅游途中体验到的情绪是正面的还是负面的。一般来说，某一次旅游的愉快经历会让他们再次出游的动机加强，而由不愉快的旅游经历引发的消极情绪可能会让他们在相当长时间内拒绝外出旅游。

当人们作出旅游评价时，当时的情绪状态和情绪体验往往起着很大的作用，即旅游者的情绪体验也会影响他们的旅游态度。例如，当旅游者在旅途中心境不错的时候，他们无论是对导游还是景区工作人员都更可能作出肯定性的评价。反之，当旅游者产生了消极、负面的情绪体验时，他们对旅途中的任何事情都更容易作出不满意的评价。所以，旅游从业人员要有意识地帮助旅游者形成良好的情绪体验，帮助他们避免产生消极的负面情绪，这样，他们就更容易对旅行社的工作，对整个旅游过程都表现出满意的态度。

拓展知识

郑州市成功举办非物质文化遗产宣传活动

2020年10月1日至10月5日，在郑州市绿城广场举办了的“黄河情·祖国颂”2020年郑州非遗大集市活动，有113项非物质文化遗产代表性项目进行展演，其中分为狮舞、太极拳、少林功夫、河南坠子、河洛大鼓等项目动态演示，以及香包、泥塑、陶瓷等100项具有中原特色的传统民间艺术静态展示。

截至2020年底，郑州市共有非物质文化遗产项目246项，涵盖了民间文学、传统音乐、传统舞蹈、传统戏剧、曲艺、传统体育游艺与杂技、传统美术、传统技艺、传统医药和民俗十大类。其中，已被列入国家级非遗保护名录6项，省级非遗保护名录60项。未来，郑州会继续挖掘、保护、传承和利用黄河文化、商都文化等优秀文化资源，推动非遗项目和旅游资源创造性转化、创新性发展，在生动诠释传统文化的同时，突出文化消费引领，推动非遗走进千家万户。

（二）对旅游活动效率的影响

心理学研究表明，人的情绪、情感状态会影响人们的活动效率，一般而言，情绪的紧张程度与活动效率之间呈一种“倒∪形”曲线关系，即中等强度的情绪最有利于任务的完成。因此，让旅游者体验到适度的紧张最有利于旅游活动的完成。旅游者过于紧张固然有背他们出门旅行的目标，但如果旅游者情绪状态过于放松，容易导致旅游团队纪律差，进而影响整个旅游行程的安排。同时，轻松、愉快的团队氛围也是旅游者体验愉悦情绪的重要因素，旅游者只有处于愉快的情绪下，旅游服务活动才能顺利展开。

（三）对旅游者意志力的影响

旅游者的意志力是指人们为了完成旅游活动，自觉地克服困难、坚持到底的一种心理力量。尽管旅游者出门是为了寻求轻松和自由，但同时也不排除旅途中可能会出现一些意想不到的情况，此时就需要旅游者用自身的意志力来完成旅游活动。例如，在爬华山的时候，如果旅游者的情绪状态良好、兴致勃勃，就可能坚持更长的时间，更容易克服困难；反之，因某些原因导致他们情绪低落的时候，爬山游览就被他们视为畏途，意志力就薄弱。

一般而言，男性意志力强于女性，也比较稳定，不太容易受情绪的影响，而女性旅游者的意志力比男性旅游者更容易受到情绪的影响。但是有些女性情绪状态比较好的时候，其意志力甚至比男性更强。旅游团内受暗示性强的人，往往容易被周围环境的无关因素引起情绪波动和思维的摇摆而意志不坚定，他们的情绪和思维很容易随环境的变化而变化，给旅游活动带来不稳定的因素。

（四）对人际关系和心理氛围的影响

旅游活动中、特别是旅游团队里形成的人际关系一般具有临时性和浅表性。由于人们处于一个群体内的时候，更容易受到他人的情绪暗示和影响。积极的情绪状态是形成良好旅游团内人际关系的基础和前提，旅游团成员在心理上的距离越接近，双方就越感到心情舒畅，情绪高涨，从而形成良性互动。例如，在旅途中，导游和游客之间、游客和游客之间如果能够相互关心、彼此信任、依赖，在感情上非常融洽，那么所有的人都会感受到温暖，形成良好的团队人际关系和心理氛围。反之，如果旅游团成员之间经常因房间安排、车辆座位而发生矛盾和冲突，以及参观游览意见无法统一，都可能导致他们心理距离的拉大，那么所有的游客都会产生不愉快的情绪体验，从而影响旅游活动的质量和心理体验。

此外，旅游从业人员的情绪状态对旅游活动中的人际关系也具有重要影响。如果导游的情绪是压抑的、愤怒的，或者虚伪的，游客多数情况下会敏锐地察觉到，从而情绪受到压抑，影响彼此关系。

（五）对健康的影响

心理学研究表明，负面情绪的持续存在和蔓延，可能会引发人的心理和生理缺陷。而外出旅游在很大程度上能够使人们获得快乐体验。由于快乐是属于情绪紧张维度的轻松一端，所以快乐体验也是一种有信心、有意义的意识状态。这种积极的情绪体验对于人们的身体健康和心理健康都具有重要意义。

旅游者在旅途中获得的快乐能让他们对外界产生亲切感，更容易与人交往和获得满足感。快乐体验还能使他们具有一种超越的自由感，使他们处于轻快、活跃、主动摆脱束缚的状态，使人享受生活乐趣，体会人生的意义。所谓的“仁者乐山，智者乐水”也从一个侧面印证了不同类型的景点对旅游者心理健康状态的不同影响。例如，疗养能让人获得平静的心态，观看日出能让人体验到自然的神奇。

二、旅游者情绪的特征

旅游者在旅游活动中的情绪具有下列几方面的特征：

（一）兴奋与新奇

从某种意义上说，旅游是人们离开己居之地，到别处去度过一段不同于日常生活的日子。因此，外出旅游会给旅游者带来一系列的改变：改变环境、改变人际关系、改变生活习惯、改变社会角色等。这种改变在给旅游者带来新奇的同时，还给他们带来情绪上的兴奋，这种兴奋性常常表现为解放感和紧张感两种完全相反的心态同时高涨。外出旅游使人们暂时摆脱了单调、紧张的日常生活，在某种程度上压力也有所减轻，这给人们带来了强烈的解放感。另外，到异地旅游可能接触到新的人和事物，对未知事物和经历的心理预期使人感到缺乏把握感和调控感，人们难免会感到紧张。无论“解放感”还是“紧张感”，其共同特征是兴奋性增强，外在表现为兴高采烈和忐忑不安。

（二）易变与波动

在旅游活动中，旅游者随时可能遇到各种各样意想不到的事情，而人的需要又具有复杂、多变的特点，因此，旅游者的情绪容易处于一种不稳定的易变状态。在旅游初期，旅游者对某个景物感到新奇，情绪处于积极状态，兴致勃勃；当达到顶点后便可能由激动趋向平静，兴致会逐渐减退；继而会感到疲劳，甚至产生厌倦。如某旅游者在北京游览时，气候宜人，风景如画，当他怀着满足而喜悦的心情于当天乘坐飞机飞往有“四季如春”美誉的昆明继续旅游时，不巧遇上阴雨绵绵的天气。前后两种不同的状况，使他的情感体验出现对立的反差，这时必然引起该旅游者情绪的波动变化。因此，导游如果要尽可能地满足每位游客的需要，使他们的情绪能保持积极状态，就必须随时观察旅游者的情绪反应。

（三）敏感与多疑

旅游者情绪的敏感特征表现在，由于他们在旅游活动过程中对相关情况不能把握，自身也处于一种不断变化的活动中，他们的情绪也相应地呈现出不稳定状态。如有些旅游者看见导游对某些游客比较关注，而这些游客也与导游配合恰当，这些旅游者就会怀疑导游是否给这些游客在价格上打了折扣；有些服务员在工作期间情绪不高，阴沉着脸，旅游者就怀疑服务员可能不欢迎自己。这种敏感多疑情绪的产生是因为大差异的时空跨度、生活环境、人际关系的陌生，给旅游者带来了生理和心理上的强度刺激后产生的应激状态前的紧张反应。

（四）矛盾与多虑

不同地域、不同民族、不同国家的习俗的差异，既给旅游者带来了新奇的刺激，同时也产生了一定程度的不适应感。如某些地区的民族饮食习惯、风土人情等方面的差异会使游客感到不适应，并产生焦虑情绪。另外，旅游活动是一种高密度、高频率的人际交往活动，信息量较大，常常使旅游者难以把握，就会出现后悔参加该团体旅游的矛盾心理。

三、影响旅游者情绪情感的因素

了解影响旅游者情绪的因素，对促使旅游者在旅游过程中始终处于积极的情绪状态有重要的意义。影响旅游者情绪的因素主要有以下几个方面：

（一）旅游者的需要是否得到满足，以及满足程度的大小

旅游者的需要能否被满足决定旅游者产生积极或消极的情绪，他们的需要被满足程度的大小则影响旅游者情绪的强弱。情绪的方向决定行为的方向，积极的情绪促进行为的发生，增强行为的持久性、稳定性；消极的情绪阻碍行为的发生，使行为停滞、不稳定。情绪的强度则加速积极行为的发生，以及消极行为的消退、停滞。所以，满足旅游者的需要是一切旅游工作的出发点。

（二）旅游产品、旅游服务能否适应旅游需要

旅游产品、旅游服务是旅游需要能否得到满足的客观条件。以旅游景点为例，许多旅游景点的成功之处在于能够很好地满足旅游者的需要。如海南三亚凤凰岛（如图 5-3）是在大海礁盘之中的人工岛，位于三亚市三亚湾度假区“阳光海岸”核心区。该岛四面临海，拥有得天独厚的山海天旅游风光，具备海上娱乐、水上运动和全季候度假旅游的条件。凤凰岛主要包括七大项目，超星级酒店（包含酒店及国际会议中心）、国际养生度假中心、别墅商务会所、热带风情商业街、国际游艇会、奥运主题公园和凤凰岛国际邮轮港。凤凰岛满足高端旅游发展需要，拟发展为海南省乃至全国首屈一指的豪华度假胜地，建设三亚凤凰岛为媲美美国迈阿密的邮轮之都、海港之城，比肩迪拜的梦幻之岛。

图 5-3　海南三亚凤凰岛

（三）旅游者的个体因素

旅游需要能否得到满足，最终要由旅游者自己来对旅游的过程作出评价和判断，这种评判不可避免地带有旅游者个人的主观色彩。影响旅游者作出评价的个体因素主要包括以下几点：

1. 对旅游目的地的期望或想象

这与旅游者所处的旅游信息环境有关。旅游是跨越一定空间的异地行为，旅游者对旅游目的地的了解基本上只能通过间接渠道来进行。由于不同的旅游者拥有不同的信息来源（调查显示，大多数旅游者主要的旅游信息是通过亲朋好友、电视、报纸、互联网等来获取的），这种个人的信息环境带有极大的个人色彩，这也直接决定了旅游者所能得到的旅游信息的多少、信息的准确程度，以及信息的有效性，从而影响旅游者形成不同的关于旅游目的地的预期和想象。当这种预期和实际旅游过程中感知的旅游环境出现偏差时，旅游者会出现心理失衡。具体来讲，如果是有利的偏差，旅游者会感到惊喜、意外的满足；如果是不利的偏差，旅游者则会感到遗憾、失望，满意度会下降。

2. 旅游者的旅游倾向

孔子说："仁者乐山，智者乐水。"这反映了不同的旅游者有不同的旅游倾向，如有的游客对浏览名山大川等自然风光有浓厚兴趣；有的游客对文物、历史古迹更为专注；有的游客对某项体育活动情有独钟。人们对某种类型旅游的偏爱，能使旅游者倾向于对之作出有利的评价。

3. 无意识情绪

人的情绪并非全部是有意识的，还存在着无意识的情绪，诸如心境，人有时候会莫名其妙地烦恼或高兴等，这些无意识的情绪对旅游者的旅游情绪会有一定的影响。当人们高兴时，看什么都顺眼，即使旅游过程中出现不当之处，也能宽容地对待；反之，当心烦时，不可避免地会对旅游中的任何细节进行挑剔。河南开封朱仙镇启封故园是集文化、旅游、生态农业观光于一体的文化旅游项目，这里与农业相关的生活场景能引发旅游者的怀旧情绪，如图 5-4。

图 5-4　朱仙镇启封故园一景

4. 旅游者以往的经历

以往成功的旅游经历，能使旅游者感到自

我价值的提升，自尊得到极大的满足，使旅游者期待下一次旅游的到来。而一次失败的旅游经历，可能使旅游者体验到愤怒、无望等消极情绪，进而减弱游客出游的积极性。

5. 旅游者的身体状况

旅游活动需要一定的体力和精力作保证，身体健康、精力旺盛是产生愉快情绪的条件之一。在旅游过程中，应注意旅游者的身心状态，使旅游者保持积极愉快的情绪。

拓展知识

情绪谱

根据心理学的理论研究发现，人的情绪状态变化主要是在七种不同的状态之间变动，心理学家曾用七种不同颜色来代表这七种不同的情绪状态，排列起来就成了下面这样的一个“情绪谱”：

“红色”情绪——非常幸福；

“橙色”情绪——快乐；

“黄色”情绪——明快、愉快；

“绿色”情绪——安静、沉着；

“蓝色”情绪——忧郁、悲伤；

“紫色”情绪——焦虑、不满；

“黑色”情绪——沮丧、颓废。

七色“情绪谱”里以“黄色”情绪作为情绪状态的基调，向上变化不宜超过“橙色”，向下变化不宜超过“绿色”。

四、旅游者情绪的调节与控制

旅游者情绪的调节与控制，是指旅游从业者管理和改变游客情绪的过程。在这个过程中，旅游从业人员通过一定的心理策略，有效地控制旅游者消极的情绪，激发他们积极的情绪。对旅游者情绪的调控体现出旅游从业者对整个旅游团的控制和管理，反映出他们服务水平的高低。

（一）激发旅游者积极的情绪

旅游者在出门旅游时，希望在旅游中获得日常生活中所缺少的新鲜感、亲切感和自豪感，同时也希望在旅游中摆脱日常生活中的精神紧张。因此，旅游从业人员就应该想方设法激发旅游者积极的情绪体验，具体方法有下列几种：

1. **设计开发符合旅游需要的产品**

旅游产品的设计必须以旅游需要为基本出发点，旅游需要具有复杂性、层次性、个性化的特点。从构成层次看，旅游需要既包括物质产品需要，也包括精神产品需要；从旅游需要层次看，既包括低层次的生理性需要，也包括高层次的社会性需要和精神性需要；从不同的旅游个体角度看，旅游需要呈现出个性化的倾向。这些特点要求旅游产品、旅游服务必须具备构成的双重性，即内容的丰富性和形式的多样性。另外，旅游消费的随意性，也要求旅游产品在设计方面要具有一定的灵活性和弹性。

拓展知识

古镇旅游中的乡愁认知

习近平总书记在2013年中央城镇化工作会议上曾指出："城镇建设要体现尊重自然、顺应自然、天人合一的理念，依托现有山水脉络等独特风光，让城市融入大自然，让居民望得见山、看得见水、记得住乡愁"。"记得住乡愁"这句简单的话，温暖了人心，激发了千千万万人的情感共鸣。古城镇的旅游发展伴随中国改革开放经历了30年的风雨历程，近些年，古镇旅游备受青睐，如火如荼。古镇除了本身所具有的历史文化、建筑特色以外，其较好地传承了地方民俗与传统，并拥有宜人的环境氛围，为现代人寻找祖先的生活方式、追寻儿时的回忆和远离都市的喧嚣提供了较好的场所，如河南郑州千稼集景区，见图5–5。围绕古镇特有的旅游资源而开发出的旅游产品具有宽泛的市场口径，能适应观光、休闲、教育和度假等不同层次需求的旅游者，因此备受旅游者欢迎，如大家熟悉的周庄、平遥

图5–5 郑州千稼集景区

古镇、婺源、湘西凤凰和云南丽江等。古镇旅游热度持续升温，每年接待的游客数量都能达到数百万，特别是节假日常常爆满，古镇旅游发展前景广阔。

（资料来源：游桂．古镇旅游者乡愁感知与认同［J］．武夷学院学报，2018（10）．）

2. 提供优质的旅游服务

在旅游业竞争激烈的今天，旅游企业制胜的法宝就是全心全意、全方位的高质量服务，企业的物质条件甚至旅游线路都可以被模仿，但具有企业自身特点的服务是无法模仿的。很多旅游企业都力图在服务方面创出自己的特色，其中大多数较为注重在如何打动游客方面下功夫，具体体现在从细节入手、从游客的利益出发开展工作。

细节，对旅游者而言实质上是旅游者没有预料的一种意外、一种惊喜，这种意外、惊喜是一种积极的情绪，能提高旅游者的满意度。细节正因为微小，很容易被人忽视，也因为微小，被恰当地实施时，会出现奇效。所以，要提供恰到好处的细节服务，就要有热爱服务工作的职业意识、发自内心的热诚的工作态度，以及细致扎实的工作作风。如行程紧凑的旅游活动中温馨舒适的酒店（如图5-6）能提高旅游者的满意度。

图 5-6　湖南邵阳酒店客房

3. 提高售后服务意识

在旅游的各个环节中，售后服务十分重要。及时获得旅游者反馈的信息，既是对旅游者的重视，又可以使旅游企业了解自身的不足，及时调整工作和改善服务，不断提高旅游服务质量。同时，旅游企业还可以根据旅游者反馈的信息，有针对性地开发新的旅游产品。

4. 提供准确的旅游信息

旅游者对旅游信息的了解是形成旅游期望的基础，但并非旅游期望值越高越好，因为旅游者的满意度取决于期望值与实际所得之间契合的程度。当实际所得与期望所得符合时，旅游者会感到满意；当实际所得大于期望所得时，可以激发旅游者更大程度的满意感；而实际所得与期望所得不符合时，旅游者会产生不满的情绪。因此，旅游宣传既不能为了销售旅游产品而将景点说得天花乱坠，也不能为了旅游者的“意外惊喜”而自我贬低把旅游者吓跑。正确的做法是把握适度原则，为游客提供真实、准确的信息。

（二）调控消极的情绪

旅游者的不良情绪会影响到其他人，甚至会使整个旅游团队都受影响。因此，在旅游过程中应尽量避免旅游者产生消极情绪。调节旅游者消极情绪的方法主要有以下几种：

1. 转移注意力

通过转移注意力的方式可以让旅游者在新环境中忘却不愉快的事情，如旅游团成员之间因为生活小事发生冲突造成不满时，旅游服务人员就可以采用做游戏、讲故事等方法，使旅游者忘记之前的不快，融入和谐愉快的氛围中。

2. 合理宣泄

旅游者出现不利情绪，往往有很多的不满，甚至愤恨，及时使旅游者的不良情绪得到合理宣泄是改善此人情绪的有效方法。因此，旅游服务人员可以用体育活动、艺术欣赏、唱歌聊天等形式使游客的不满情绪得到合理宣泄。

3. 补偿法

补偿法主要包含两方面。第一，物质补偿。当旅游活动中的一些环节，如住宿、餐饮、交通工具等方面达不到合同规定时，应当对游客进行适当的物质补偿，而且替代物一般应高于原来的标准。比如，旅游者双卧旅游，然而“卧铺”换成了“硬座”后，除了给予退还差价外，还可以安排旅游者免费品尝旅游目的地的特色小吃，以有效消除旅游者的不满情绪。第二，精神补偿。当旅游者合理的要求没有得到满足，就会情绪低落、产生不满。如果旅游服务人员有过错，就应该诚恳地道歉，以争取游客的谅解。

4. 分析法

当引起旅游者不满情绪、一时无法解决时，旅游服务人员要讲清原委，晓之以理，动之以情，缓和旅游者的不利情绪，以得到旅游者的理解与合作。如因道路塌方耽误旅游行程而造成游客不满的，就可以采取这种调控方法，使游客情绪得到改善。

旅游者的情绪、情感贯穿于他们的整个旅游过程，带着消极情绪和情感的旅游者就无法体验旅游的乐趣。因此，在旅游过程中必须重视旅游者的情绪、情感，根据其规律对情绪和情感进行有效调节。

案例分享

力挽狂澜

由于客观原因，导游小赵带团只能在H市停留一天，原定去某温泉的行程也将被取消。可是由于地接社的失误，使赵导在事先并没有接到任何通知，也就无法做事前工作。跟团的地陪是一位新手，竟然在赵导毫无准备的情况下，就把行程的改变直截了当地告诉了客人，而且对领队的问询做了很粗暴的答复。这就引起了团队的一场骚动，全团游客坚决要求仍按原计划在该市旅游。

来到下榻酒店，愤怒的游客在大厅里坚持他们的要求。赵导说："由于最近这个地区遭受了自然灾害，许多供电设备还没有修复，燃料供应也时断时续，所以，酒店只有下午四时半至晚上九时才供应洗澡的热水。大家一路上都非常疲劳了，我想还是请各位先从领队那里领了房间的钥匙，进房间洗个澡，休息一下，然后我们再来解决大家提出的问题。"

等客人分散到各个房间后，赵导首先批评了地陪的态度，做通了地陪的思想工作，然后又与地陪一起逐房间地去做游客的工作。到晚上十时半，所有游客的工作都做通了。

翌日一早，在车上地陪再次向领队和全体游客做了检讨，对情况变化的缘由作了详细解释，最后提出了一个补偿性方案。这样的处理得到了游客的谅解，团队执行了修改后的旅游计划，于翌日晚上离开了H市。

分析：在本案例中，赵导后来对游客的劝导之所以获得成功，就在于他利用酒店当时热水有时限的条件，通过让旅游者先洗澡的缓兵之计缓解了旅游者的愤怒情绪。当旅游者的情绪都得以平复之后，他们转变得比较理智，劝导工作也就比较容易进行了。

思考与练习

一、填空题

1. 根据性质分类，旅游者的情绪可以分为快乐、________、恐惧、________、喜爱。

2. 旅游者"道德弱化"的常见表现有：个性扩大化、________和________。

二、选择题

1. 下列选项中按照发生的强度、速度、持续时间分类的是（　　）。

A. 热情　　B. 喜爱　　C. 恐惧　　D. 愤怒

2. 下面选项中不属于恐惧时面部表情的是（　　）。

A. 目瞪口呆　　B. 脸出汗　　C. 全身发抖　　D. 愁眉苦脸

3. 下列选项中不属于旅游者情感种类的是（　　）。

A. 美感　　B. 理智感　　C. 道德感　　D. 心境

三、判断题

1. 情绪总是和一定的行为表现相联系。（　　）

2. 人的情绪状态会受到周围人表情动作的感染。（　　）

3. 旅游者的情绪、情感影响旅游者的身体健康。（　　）

四、问答题

1. 如何理解情绪？

2. 简述情绪、情感的区别与联系。

3. 旅游者情绪的特征。

4. 如何调节、控制旅游者的情绪？

项目六　说说旅游者的个性

学习目标

1. 了解个性的概念及基本理论；
2. 掌握旅游者个性的不同类型及其对旅游者的影响；
3. 掌握旅游者个性特征与旅游行为的关系。

项目分析

在现实生活中，人们的行为千姿百态，其重要原因就是个性的存在，个性是影响人们行为的重要因素。本项目在引入个性理论的基础上，将集中从个性的特点、心理特征等方面探讨个性的问题，着重分析旅游者个性及其行为表现，并为旅游经营者提供建议。

任务一　了解旅游者的个性

☞ 情境设计

李红带团入住三亚的一家四星级酒店，团中的一位姓江的小姐有洁癖，她对房间的卫生要求很高，几乎到了苛刻的程度，而且疑心较重，稍有不顺就会引起她的强烈反应。例如，她要求进入房间的所有人必须脱鞋，换上一次性拖鞋，用过即扔；只用自己随身携带的杯子；房间卫生清扫时，服务员必须戴手套等。

根据以上情境，完成下列任务：

1. 讨论案例中江小姐的个性特点。
2. 针对这种个性的客人，在服务过程中要注意什么？

☞ 任务分析

人心不同，各如其面。每个人都有个性，每个人的个性都不相同。正如案例中的江小姐，她的个性较为敏感，细致又疑心，这就需要旅游从业者掌握对待这类客人的接待技巧。所以，旅游业从业者就要研究旅游者的个性特点，才能为他们提供针对性的服务。

个性是一种复杂的心理现象，客观地存在于每个人身上，是一个人所特有的精神面貌。

一、个性的概念

个性，也称人格，源于拉丁语“persona”，原意是指戏剧中演员所戴的特殊面具，如同我国传统戏曲表演中，常常使用一定的脸谱或面具标志特定角色，忠、奸、善、恶，让人一目了然。心理学家把它引入心理学领域，用来表达个人的差异，一方面是指一个人在生活舞台上表演出的种种行为，另一方面是指一个人真实的自我。所以个性的词源——面具，表明人既有表现于外的、在公开场合的自我，也有隐藏在面具后的、比较私密的自我。也就是说，个性是一个人心理特征的综合，既有外显的行为，又有内隐的特点。

心理学家和学者对个性的定义曾作过大量的探讨，提出了很多不同的定义，但一直未能统一。在这里我们引用我国第一部大型心理学词典——《心理学大词典》中“个性”的定义，这个定义也反映出多数学者的看法，“个性，也可称人格。指一个人的整个精神面貌，即具有一定倾向性的心理特征的总和。”人际间存在着共性，同时也存在着差异，这形成了每个人不同的个性特征。

二、个性的特点

个性具有差异性、稳定性和可塑性三个特点。

（一）差异性

每个人所具备的先天素质、所处的社会条件以及社会交往都是不同的，因此形成了个体独特的风格、独特的心理活动和独特的行为活动。这种差异性对消费决策的影响尤为突出，如在旅游目的地和旅游项目的选择上，追新猎奇型旅游者更喜欢到新开发、充满新奇感的旅游地和选择刺激的游乐项目，安乐小康型的旅游者更倾向于选择安静的旅游度假地或传统的旅游项目。

（二）稳定性

人们通过不同的社会活动得到不同的社会体验，逐渐形成具有一定倾向性和相对稳定的心理趋势。比如，日常生活中评价一个人说他是外向的人，这就体现了个性的稳定性。另一方面，人们行为中偶尔表现的一些心理特征或心理倾向，这些是不能代表个性的。比如，一个安乐小康型的旅游者可能在朋友的影响下参加过山车等刺激活动，这不能说明他的个性是冒险和外向的。由于个性稳定的特征，经营者可将具有相同或相似个性的旅游者归为一类，划分为若干独特的旅游消费者市场，通过把握群体特征进行产品定位。

（三）可塑性

个性在形成过程中受到社会历史条件和社会交往的影响，因此随着环境的变化、年龄的增长和实践活动的改变，旅游者的个性会发生不同程度的变化。比如，一个年轻时冲动、追求时尚、活跃但收入不多的旅游者可能会选择富有冒险性但并不太注重享受和休闲的探险旅游，但随着年龄的增长，所处社会地位、收入水平的变化，他可能在中年时转变为一个重视旅游产品休闲性和高品质的旅游者。

拓展知识

迎接旅游消费需求新变化，“治愈系”海南美出天际

近几年，瞄准消费者对解压和舒缓情绪的需求，“治愈系经济”应运而生。治愈系，指能让人感到平静、美好、舒畅的人、地点、行为或事物。除了萌宠、美食，前往环境舒适、空气清新的目的地，也成为了人们的主流减压方式之一。人们越来越愿意放慢脚步，在旅程中深入感受目的地的自然风光和人文故事，从中收获治愈的力量。

一场突发的疫情，给旅游市场按下了“暂停键”。疫情过后，需要治愈系旅游产品，如山水旅游追求返璞归真，休闲度假追求自在从容，用自然和人文中最朴实的那份纯真去抚慰心灵、舒缓精神压力。

“阳光海南，度假天堂”，打造治愈系旅游产品，海南（见图6–1）有着得天独厚的优势。海南拥有优良的气候、空气和环境，是人们疗养身心、舒缓压力的好去处。海南还有水上运动、高尔夫、雨林康养、游艇等一系列阳光、健康的生活方式，代表着绿水青山和椰风海韵所承载的美好生活幸福感。海南除了打造阳光、健康、活力的整体形象之外，还可以政府牵头、企业抱团的方式，聚焦某一旅游产品，通过具有影响力的活动，打造出海南旅游的拳头产品，如潜水、高尔夫、雨林等主题游产品，增加旅游吸引力。

图 6–1 海南

三、个性心理特征

个性心理特征是指一个人在心理活动中经常表现出来的、稳定的心理特点。它主要包括气质、性格、能力等方面。其中以性格为核心，性格决定对待活动的态度，能力标志活动的水平，气质表现一个人的活动风格。个性心理特征影响着个体的言行举止，反映出一个人的基本精神面貌和意识倾向，集中地体现出人的心理活动的独特性。

（一）气质

心理学中所说的“气质”与日常生活中人们所说的“气质”不太一样，而是近似于人们常说的“脾气”。

1. 气质的含义

气质是个体稳定的心理活动的动力特征。它主要指心理过程的强度、速度，稳定性和指向性等方面的特点。气质是人的高级神经活动类型在行为活动中的一种表现，主要体现在情感活动的速度、强度、变化幅度等方面，也通过人的言行表现出来。比如有的人情感表现强烈，难过起来痛不欲生，悲伤起来撕心裂肺，高兴起来欢呼雀跃，幸福起来欣喜若狂；有的人情感表面平稳，内心却激荡不安；有的人情感变化幅度大，刚刚满面笑容，转眼就怒不可遏；有的人情感变化幅度小，积极和消极之间没有一个明显的过渡。在言行的表现方面也有差异：有的人说话粗声大气，有的人说话则柔声细语；有的人行动敏捷灵活，有的人行动迟缓笨拙；有的人行为粗犷有力，有的人行为斯文轻盈。人们这些差异明显的特点，都是气质特征的表现。

特别提示

日常生活中所说的“秉性、性情、脾气”等都是气质的通俗说法。气质使人们的心理活动具有独特的个人色彩，气质是描绘一个人在获取其目标时如何行动的风格和节奏，但气质不能确定人的社会价值，也不直接具有社会道德评价的含义。

心理学研究表明：人生下来就表现出某些气质特征。有些婴儿安静、平稳、害怕陌生人；有些婴儿好动、喜吵闹、不害怕陌生人。俗话说“江山易改，本性难移”。一个人的气质类型和气质特征是相当稳定的。有一种学术观点认为，在许多儿童中这些气质的原始特征往往在随后的20多年的发展阶段中保持着。但是，气质并不是一成不变的，气质在生活和教育条件的影响下发生着缓慢的变化，以适应社会实践的要求。可见，气质既有稳定的一面，又有可塑性的一面，是稳定性和可塑性的统一。

2. 气质的类型及其特点

按照古希腊医生希波克拉底最早提出气质的体液说，现代的气质学说将气质一般划分为胆汁质、多血质、黏液质和抑郁质四种类型。

（1）胆汁质。其基本特征是直率，热情，精力旺盛，情绪易于激动，心境变化剧烈，脾气暴躁。具有这种气质的人有理想，有抱负，有独立见解，反应迅速，行为果断，表里如一，在言语、面部表情和体态上都给人以热情直爽的印象。他们不愿受人指挥，而喜欢指挥别人。一旦认准目标，就希望尽快实现，遇到困难不折不挠，有魄力，敢负责，但往往比较粗心，较少考虑各个方面及与左邻右舍的关系。他们自制力较差，容易感情用事。

（2）多血质。其基本特征是活泼、好动、敏感、反应迅速，喜欢与人交往，注意力容易转移，兴趣广泛但不持久，情绪变化快。具有这种气质的人易于适应环境的变化，性情活泼，热情，喜闻乐道，善于交际，在群体中精神愉快，相处自然，常能机智地摆脱窘境。他们爱动脑筋，主意多，机智，活动效率高。对外界事物有广泛的兴趣，不安于机械、刻板。他们情绪不稳定，容易浮躁，有轻诺寡信、见异思迁的表现。

（3）黏液质。其基本特征是安静、稳重、反应缓慢，沉默寡言，善于克制、忍耐，情绪不易外露，注意力稳定难以转移，惰性较强。具有这种气质的人反应较迟缓，但无论环境如何变化，都能基本保持心理平衡。凡事力求稳妥，深思熟虑，一般不做无把握之事，在各种情形下都能表现出较强的自我克制能力。他们外柔内刚，沉静多思，很少流露出内心的真情实感。与人交往时态度持重、适度，不卑不亢，不爱抛头露面和空泛清谈。他们行动缓慢而沉着，有板有眼，严格恪守既定的生活秩序和工作制度。很乐意从事一些变化不大、相对稳定、需要付出一定意志去完成的工作。但他们过于拘谨，不善于随机应变，有墨守成规的表现，常是固定性有余，灵敏性不足。

（4）抑郁质。其基本特征是孤僻、行动迟缓、情绪体验深刻，善于细心觉察别人不易觉察的事物和人际关系，又敏感多疑。具有这种气质的人在生理上难以忍受或大或小的神经紧张，厌恶那些强烈的刺激，他们感情细腻，常为区区小事引起情绪波动。他们情绪体验的方式较少，也极少外露自己的情感，但内心感情丰富，心里有话宁愿自己品味，不愿向别人诉说，常生闷气，与人交往时显得腼腆、扭捏，在陌生人面前很拘束，喜欢独处。如果在一个团结友爱的群体中，抑郁质的人可能是一个极易相处的人，尤其善于领会别人的意图，觉察到别人不易觉察的细小事物和微弱变化。对力所能及的活动也乐于参加。遇事三思而行，求稳不求快，因此显得迟缓和刻板。

人的气质由于受先天因素和后天生活实践及教育的影响，所以很复杂。在现实生活中，大多数人往往是以一种气质类型为主兼有其他的气质类型的特点，表现为混合型和中间型，某一方面的气质相对突出。

气质类型本身并无优劣之分，各种气质类型都有积极和消极的一面，即具有两面性。例如胆汁质的人热情、爽朗、富有进取心是积极的一面，而急躁、暴躁、粗心则是消极的一面；多血质的人感情丰富、活泼、机敏有同情心是积极的一面，而情感易变、轻浮、不踏实则是消极的一面；黏液质的人沉着、冷静、坚毅、实干是积极的一面，而冷淡、固执、拖拉则是消极的一面；抑郁质的人感情细腻而稳定、细心守纪律是积极的一面，而多疑、怯懦、缺乏自信心则是消极的一面。我们要注意发展气质积极的方面，抑制消极的方面。

了解气质的特点对旅游业具有一定的意义。作为旅游从业人员，正确认识自己的气质，可以有意识地进行调控，以便扬长避短，适应旅游工作的需要。了解旅游者的气质类型，可以有针对性地向旅游者提供恰当的服务，满足旅游者的不同要求。

拓展知识

气质的生理基础

现代心理学认为，人的整个身体组织都影响着个体的气质，可以说气质的生理基础十分复杂。其中高级神经活动类型与气质的关系密切，被认为是气质的主要生理基础。

俄国的生理学家巴普洛夫发现，人的高级神经活动有两个基本过程，就是兴奋过程和抑制过程。兴奋过程是与有机体某些活动的发动和加强相联系的，抑制过程是与有机体某些活动的停止或减弱相联系的。兴奋与抑制是相互依存，相互转化的。巴普洛夫认为，这两个神经过程有三个基本特性：神经过程的强度、平衡性和灵活性，这三个基本特性的独特组合，形成了四种基本的高级神经活动类型。四种基本的高级神经活动类型分别对应四种气质类型，见表 6–1。

表 6–1 高级神经活动类型与气质类型对照表

高级神经过程的基本特性			高级神经活动类型	气质类型
强度	平衡性	灵活性		
强	不平衡	不灵活	兴奋型	胆汁质
强	平衡	灵活	活波型	多血质
强	平衡	不灵活	安静型	黏液质
弱	不平衡	不灵活	抑制型	抑郁质

（资料来源：杜文东 . 心理学基础［M］. 北京：人民卫生出版社，2013.）

（二）性格

性格是人们在对现实的稳定态度和习惯了的行为方式中表现出来的个性特征。如热情、开朗、活泼、刚强或淡漠、沉默、懦弱、温柔等。

特别提示

人的性格主要是通过后天的实践形成的，是现实社会关系在头脑中的反映，所以，性格本身有优劣之别。如大公无私、见义勇为、与人为善是正面的性格特点；损人利己、冷酷残忍等是负面的性格特点。

1. 性格的形成

人的性格并不是一朝一夕形成的，但一经形成就比较稳定，且贯穿于人的全部行动中。个体一时性的偶然表现不能认为是人的性格特征，只有经常的、习惯性的表现才能认为是人的性格特征。比如，一个人经常表现得很勇敢，偶尔表现懦弱，不能认为他具有懦弱的性格特征，他的性格特征是勇敢。又如，一个人在某种特殊的情况下，一反机敏的常态，而表现得呆板，也不能认为呆板是他的性格特征，他的性格特征是机敏。性格是在主体与客体的相互作用过程中形成的，同时又在主体与客体的相互作用过程中发生缓慢的变化。

性格是在先天素质的基础上，通过后天的家庭、学校和社会环境的影响，经过儿童自己的实践活动和积极主动性才逐渐形成的。遗传因素是性格形成的自然基础，它为性格形成与发展提供了可能性。比如，性别差异对人类性格的影响也有明显的作用。一般认为，男性比女性在性格上更具有独立性、自主性、攻击性、支配性，并有强烈的竞争意识，敢于冒险；女性则比男性更具依赖性，较易被说服，做事有分寸，具有较强的忍耐性。

家庭因素对性格形成与发展有重要的影响。家庭所处的经济地位和政治地位、家长的教育观念和教育水平、家长的教育态度与教育方式、家庭的气氛、儿童在家庭中扮演的角色与所处的地位等，都对儿童性格的形成有非常重要的影响。从某种意义上讲，“家庭是制造性格的工厂”。学校的教育对儿童性格的形成起主导作用。因为学校教育是教师根据教育目的对学生施加有目的、有系统、有计划的影响，而且是在学生的生活、学习的集体中，通过各种活动进行的。社会因素对学生性格的影响主要通过社会的风尚、大众传媒等得以体现，如手机、电脑、电视、电影、报刊、文学作品等。电视对儿童性格的影响是巨大的。美国的心理学家在 1971 年进行的实验证明，电视节目里的许多攻击性行为对年幼无知的孩子的行为发展影响很大。

2. 性格的分类

最早在心理学领域中将性格进行分类的是瑞士心理学家荣格。1913 年，荣格在慕尼黑国际精神分析会议上提出了外倾型和内倾型两种性格，后来，他又在 1921 年出版的《心理类型学》一书中充分阐明了这两种性格类型的特点，如表 6-2。

表 6-2　外倾型和内倾型的心理特点

性格类型	心理特点
外倾型	心理活动倾向于外部，活泼开朗，容易流露自己的感情。待人接物决断快，独立性强。缺乏自我分析和自我批评。不拘泥于一般小事，喜欢同他人交际
内倾型	心理活动倾向于内部，感情比较深沉，待人接物比较小心谨慎。经常反复思考。常因过分担心而缺乏决断力，但对事情锲而不舍。能够自我分析和自我批评，不爱交际

之后，英国心理学家艾森克在荣格研究的基础上进行了进一步的划分，包括稳定外倾型、稳定内倾型、不稳定外倾型和不稳定内倾型，见表 6-3。

表 6-3 艾森克个性类型划分图

外倾型	多变、活跃、敏感、乐观、冲动	善于交际、开朗、活泼、随和、有领导能力
内倾型	沉默寡言、不善交际、严肃、刻板、悲观	谨慎、深思、性情平和、被动、有节制
	不稳定	稳定

艾森克的这种划分更能说明个体外倾和内倾的程度，比荣格绝对的两个类型的划分更为准确。

特别提示

荣格和艾森克并非简单地把人划分为几种类型，他们所提出来的性格分类只是作为一个理论体系用来说明性格差异，实际生活中，绝大多数人性格都是兼有外倾型和内倾型的中间型。纯粹内倾型的或外倾型的人是不存在的，只有在特定场合下由于情境的影响而显露出一种性格占优势。

从旅游工作的特点来看，在选择不同工作岗位的员工时应有所区分。例如，导游、餐厅服务员、从事公关或营销，以及大堂的一些需要与旅游者直接接触的工作人员，应该具有外倾性格特点；而客房服务员、物品保管员、收银员等就应该是那些有内倾性格的人。

（三）能力

能力是人顺利完成某种活动所必须具备的、最基本的心理特征，是个性心理特征的一个重要方面。

能力和活动紧密联系。一方面，人的能力是在活动中形成、发展和表现出来的；另一方面，从事某种活动又必须以一定的能力为前提。完成活动的速度和完成成果的质量被认为是能力的重要标志。成功地完成某种活动所需要的因素是多方面的，能力是个体成功完成某种活动的必要条件，不是充分条件。个人的知识经验、活动动机和身体健康状况等是完成活动所必需的，所以，能力是成功完成某种活动所必须具备的个性心理特征。

拓展知识

个性的精神分析理论

弗洛伊德创立的精神分析理论（也称心理分析理论）不仅对心理学产生了

巨大的影响，还对20世纪人类文化的多个方面都产生了影响。在弗洛伊德看来，个性是一个整体，其中包括彼此关联且相互作用的三个部分，分别称为本我、自我和超我，见图6–2。由于其交互作用而产生的内驱力，支配了个人的所有行为。

1. 本我

本我，是个性结构中最原始的部分，是遗传下来的本能。本我之内包含一些生物性的或本能性的冲动（最原始的动机）。弗洛伊德把这种原始动力称为“力比多”（里比多）。外在的或内在的刺激都有可能促使力比多增加，而力比多增加时就会增加个人的紧张和不安。为了缓解紧张，本我要求立即满足需求以发泄原始的冲动。所以本我是受“快乐原则”支配的，由本我支配的行为不但不受社会规范道德标准的约束，甚至由本我支配的一切都是处于潜意识中的。弗洛伊德认为生物需要在人的一生中持续存在，是个性的一个永存部分，在人一生的精神生活中，本我起到最重要的作用。

2. 自我

自我，是个体在与环境的接触中由本我发展而来的个性部分。在本我阶段，因为个体的原始冲动需要获得满足，就必须与周围的现实世界相接触，从而形成自我适应现实环境的作用。例如，因饥饿而使本我有原始性的求食冲动，但是哪里有食物，以及如何取得等现实问题，必须靠自我与现实接触才能解决。因此，个性的自我部分是受“现实原则”支配的。自我介于本我与超我之间，它的主要功能有以下几个方面：一是获得基本需要的满足以维持个体的生存；二是调节本我的原始需要以符合现实环境的条件；三是管制不为超我所接受的冲动；四是调节并解决本我与超我之间的冲突。由此可见，自我是个性结构中的主要部分。

3. 超我

超我，是在个性结构中居于管制地位的最高部分，是个人在社会化过程中将社会规范、道德标准、价值判断等内化后形成的结果。超我是道德化的自我，弗洛伊德称它为良心。超我是习俗教育的产物，以现实原则为基础，它确定道德行为的标准。超我衡量是、非、善、恶，代表理想，追求完美，可以自主活动。它的主要功能是：抑制本我不符合外界要求的各种活动，尤其是那些由本能支配的活动；诱导自我用符合外界规范的目标取代其他较低级的目标；自主活动，追求理想，不断完善自己的个性。此外，超我还为自我提供榜样，用以判断一个人的行为是否优秀，是否应当得到赞扬。

自我与本我的关系，类似于骑士和马的关系。马提供运动的能量，骑士则把握运动的正确方向。弗洛伊德把自我与本我、超我和外界的关系，比喻为一仆三从的关系。自我既要服从外界的规范，又要尽量满足本我的要求，随时需要调节本我与外界的矛盾，压抑和抵抗本我的某些要求。同时，自我的一举一动都在超我的严密监控中，不论外界和本我给自我带来了什么困难，超我都要求自我按照它规定的行为规范进行活动；否则，超我就会惩罚自我，使它产生紧张情绪，表现出自卑感和罪恶感。

图 6-2　本我、自我和超我的关系

任务二　掌握旅游者的个性和旅游行为

☞ 情境设计

在三亚旅游期间，李红安排了一场歌舞节目。这天下午是自由活动时间，集合地点安排在剧院门口。尽管李红再三叮嘱，可是还是有小李、小赵、小王、小田四个游客迟到了。由于路上塞车，当四个人急匆匆赶到剧场门口时，演出已经开始十分钟了，剧场已停止检票。

这时候，激动不已的小李早就没有耐心向检票员求情了，他向检票员怒吼：“我有票为什么不让我进，规矩是人定的，我们是因为塞车才迟到的，我们是市政交通的受害者，你得让我们进去……”他一边说一边推撞检票员，这时候，一直在一旁找机会的小赵趁小李推撞检票员的瞬间，偷偷从旁边溜了进去。而此时，小王则干脆走进剧场旁边的一家小酒吧，欣赏音乐。而同样迟到的小田则不停地抱怨自己，我怎么这么倒霉啊，昨天不小心丢了东西，今天看演出又迟到，要是我早点来，现在不就看成了。

根据以上情境，完成下列任务：

1. 为什么他们四人在面对同一情境时会有不同反应？

2. 他们的行为对我们开展旅游服务有什么启发？

☞ **任务分析**

每个人都具有一定的气质类型，案例中的四个游客也属于不同的气质类型，而且属于典型的某一种气质，生活中这样的人非常多。处理同一件事，不同人有不同的方法，带着不同的情绪状态，旅游服务人员要理解并做好针对性的服务，才能使游客满意。

旅游者的个性特征与旅游者的行为密不可分，通过对旅游者的个性类型和个性结构的分析，有助于旅游工作者更好地预测和引导旅游者的行为，从而更好地为旅游者服务。

一、个性类型与旅游行为

旅游者不同的个性类型会影响到旅游者的行为及思维方式，同时，旅游者的行为从某种程度上也反映出旅游者的个性特征。

（一）不同气质类型旅游者的行为特征

如上所述，古希腊医生希波克拉底从人体的体液角度，认为人体内四种体液的不同组合最终决定了人的本性，此说经古罗马医生盖伦补充，遂正式提出多血质、黏液质、胆汁质和抑郁质四大气质类型。不同气质类型的旅游者在旅游过程中往往表现出不同的行为特征。

1. 多血质旅游者的行为特征

多血质的旅游者在旅游活动中，一般情况下活泼、好动、敏感、反应迅速、喜欢与人交往，注意力容易转移，兴趣和情绪容易变换，具有外向性。他们经常表现出广泛的兴趣，但又迅速转移注意对象，好像对什么旅游产品与服务都很感兴趣，但又总是浅尝辄止。

2. 胆汁质旅游者的行为特征

胆汁质的旅游者在旅游活动中，一般情况下情绪反应热烈，对旅游产品与服务肯定或否定的表情丰富，言语坦率，喜欢提问题及建议，常常表现出急躁、冲动、草率的行为特征，决策果断，具有外倾性。

3. 黏液质旅游者的行为特征

黏液质的旅游者在旅游活动中，一般情况下比较内向，情绪稳定而不轻易外露，对旅游产品与服务质量的优劣不轻易下结论。他们行动稳重、缓慢、言语简练、善于控制自己，他们不会轻易听信他人的意见，不会轻易受环境左右，甚至不喜欢服务人员的过分热情。

拓展知识

环境优化体验佳，景区品质在提高

“以前，单独带儿子旅游时常会碰到上厕所不方便的情况，第三卫生间的设立对于带孩子旅游的家长而言，实在是太贴心了。”福建福州的女游客叶洁如此评价，去漳州游玩时发现了一种新型公厕。不仅设施齐全、环境干净，而且设置了第三卫生间。进入第三卫生间，大小座便池、男士小便池、洗手池、婴儿护理台等设施应有尽有。

“厕所革命”是我国不断推进旅游公共服务体系建设的一个缩影。从过去4年的实践来看，“厕所革命”改变了我国旅游景区的接待条件，也提高了景区的服务品质，游客对景区基础设施和公共服务的满意度得到大幅提升。

4. 抑郁质旅游者的行为特征

抑郁质的旅游者在旅游活动中，一般情况下比较内向，情绪体验深刻，变化缓慢，对旅游产品与服务的观察体验细致、深入，善于在细微处体察旅游产品与服务质量的优劣。他们言语谨慎，行动小心，决策缓慢，犹豫不决，经常既不相信自己的判断，又怀疑旅游产品与服务的可靠性，容易受环境因素的干扰。

（二）不同性格倾向旅游者的行为特征

与内倾、外倾的分类方法相近的一种分类方法，心理学家把人们分为心理中心的和他人中心的两大类。心理中心的人计较小事，考虑自己，一般忧心忡忡，心情有些压抑，不爱冒险；他人中心的人喜欢冒险、自信、好奇、外向，急于与外界接触，喜欢在生活中做新的尝试。

在一项专门调查旅游目的地受人们欢迎的程度为什么出现大幅度摆动而设计的研究中，心理中心的人和他人中心的人在旅游行为的许多重要方面有明显差别，见表6-4。

表 6-4 两种心理类型的旅游特点

心理中心	他人中心
选择熟悉的旅游目的地	选择非旅游区
喜欢旅游目的地的一般活动	喜欢追新猎奇，在新地区捷足先登
活动量小	活动量大
喜欢驱车前往旅游点	喜欢坐飞机去目的地
喜欢正规的旅游设备，如设备齐全的旅馆、饭店以及购物商店	旅游设备只需包括一般的旅馆和伙食，不喜欢购物商店
喜欢家庭的氛围、熟悉的娱乐活动，不喜欢外国的气氛	喜欢和不同文化背景的人交谈
喜欢包价旅游	要求有基本的旅游安排（交通和旅馆），但要求有较大的自主性和灵活性

从上表可以看出，心理中心的人显然要求其生活具有可预测性，他最强烈的旅游动机是休息和放松一下。而他人中心的人则希望生活中有一些估计不到的东西，他一般去那些比较偏远的、不太为人所知的地方去旅游，以获得一些新体验。

拓展知识

夜间旅游正当时

近年来，全国各地推出的研学游、科技游、康养游、美食游等特色产品引爆市场，满足了游客个性化、多样化的需求。伴随旅游供给进一步提质挖潜，北京、上海等地纷纷出台促进夜间经济发展的政策文件，夜间旅游产品日渐多元。

中国旅游研究院与银联商务联合实验室数据显示，2019 年“五一”期间，游客夜间消费金额占全天的 29.92%，游客夜间旅游参与度不断提高、消费逐步走旺。夜间旅游已成为游客感知当地文化、体验当地生活的重要方式，将为旅游经济持续健康发展提供新动能。

（三）不同能力旅游者的行为特征

旅游者的旅游能力是指旅游经济能力、旅游时间分配能力、旅游审美观赏能力等。这些方面的能力因素在旅游活动中影响旅游者对旅游目的地的选择、旅游交通工具的选择、旅游时间的选择，以及旅游审美效果。

1. 旅游经济能力

旅游是较高层次的消费行为，经济收入的高低直接影响着人们的旅游消费生活，是旅游行为产生的必要条件。随着我国经济的发展，以及人民生活水平的提高，旅游需求日益普遍化。但是，各个不同经济水平的旅游方式、时间、地点、目的、消费等是有差别的。在实际旅游活动中，经济能力较强、收入较高的旅游消费者更多注意那些象征社会地位、表现活动能力、代表经济实力的旅游项目，如入住较高档次的饭店，选择舒适、快捷的旅游交通工具，关注能体现自我价值的旅游项目等。而中等收入水平的旅游者虽也选择较高层次的旅游项目，在力所能及的范围内表达向上的动机，但更乐于接受廉价实惠的旅游活动。经济收入较低的旅游者更欢迎物美、价廉的旅游消费活动。

2. 旅游时间分配能力

往往是经济收入较高的旅游者，不会选择在旅游旺季出游，他们一般根据自己的工作时间安排旅游活动，不太计较旅游价格的高低。而大部分工薪旅游者总是利用节假日出游，其他时间很难由自己支配，容易形成旅游的高峰期。经济收入较低、较为闲散的旅游者，一般关注旅行社在旅游淡季的宣传，最关注旅游价格的波动，当价格较低时，容易产生旅游动机。

3. 旅游审美观赏能力

无论哪一种经济收入水平的旅游者，其旅游观赏能力直接影响旅游效果。审美观赏能力是审美活动的一种心理功能，是审美主体对审美对象的主体感知、体验和把握，是审美活动的基础和通向更高审美境界的桥梁。除了生理、心理上的原因，一个人对美的观赏能力决定着他对美的感受程度，从而也在某种程度上决定着他的审美素质。假如我们读律诗而不能感受到音韵之美，听交响乐而不能感受到其主旋律之美，在秀美如画的山水景物面前不能感受到迷人的湖光山色之美，那么，美感的深度和广度就会受到极大影响，审美效果也会受到影响。因此，旅游者的审美观赏能力直接影响旅游活动的效果。

（四）不同生活方式旅游者的行为特征

生活方式是指社会生活的形式，它作为一种综合性的个性特征，与人的日常生活中的各种行为关系密切。习惯于不同生活方式的人们在是否旅游、到哪里旅游、选择何种旅游产品的决策方面有很大的区别。按照不同旅游者的个性特征及其在旅游中的表现可将旅游者划分为不同的生活方式群体。

1. **舒适安宁型**

舒适安宁型的人酷爱清洁，注意健康，喜欢过井然有序的生活。这种类型的旅游者多是中老年人。他们大多具有较高的文化水平和修养，生活条件优越，家庭观念较强。他们喜欢环境优美、优雅宁静、气候宜人、有保健功能的地方，选择轻松、愉快的旅游活动，不喜欢冒险和剧烈的运动。旅游经营者对这类旅游者进行产品设计宣传时，要体现自然和放松，强调身心健康，突出清洁和安静。

2. **活跃开放型**

这类旅游者性格外向、活跃、自信、爱好交友，有积极向上的生活观。他们敢于尝试新事物，喜欢陌生的旅游目的地。他们通常有较高的经济收入和文化水平。在他们眼中，旅游是一次难得的体验人生的机会，要充分利用这个机会摆脱刻板的日常生活，开阔眼界，增长知识。博物馆、音乐、戏剧、美术、民族风情是他们选择旅游产品时首要考虑的对象。针对这种类型的旅游者，旅游商品和宣传要突出“新”字。

3. **探险猎奇型**

这类旅游者往往是身体健壮、意志顽强的年轻人。他们有知识、有理想、富有创新、追求时髦，喜欢冒险和刺激，对于新奇的事物特别感兴趣。他们喜欢远距离的旅游，穿越人迹罕至之地，对没有开发或没有完全开发的景点尤其感兴趣。对旅游设施的要求不高，不怕吃苦，追求的是新鲜和刺激的感受。对这类旅游者进行产品宣传要突出新奇和刺激，体现创意和神秘，强调经历和体验。

4. **历史考究型**

旅游者中有相当一部分人对历史怀有浓厚的兴趣，他们的旅游动机之一就是登临古城、凭吊先人、缅怀过去。这类旅游者一般具有较高的文化素质，受科学或传统文化的影响较深，多数是学者、知识分子。他们喜欢参观博物馆、艺术馆、风情园；注意收集神话传说、历史典故、诗词歌赋、动植物标本等资料。他们对旅途中的交通、食宿条件有较高的要求。因此，对他们进行宣传时要突出价值，体现历史和文化的内涵。

此外，还有许多其他类型。每个人的生活方式不同，他们的消费意识、消费能力、消费习惯、消费性质和消费水平也不尽相同，所以对旅游行为的影响也不同。

拓展知识

疫情影响年轻一代旅游消费偏好个性化

Z世代（意指在1995—2009年出生的人）是深受移动互联网影响的一代人。

如今，Z 世代正逐渐成为消费升级的主力军。马蜂窝旅游发布了《后疫情时代的“新旅游”——Z 世代旅游消费变化报告》，深入解读了年轻一代旅游消费观念在疫情前后的变化。

受疫情影响，Z 世代旅游消费观变化最大的一项是对国内游的热情空前高涨，旅行预算增长明显。

报告显示，47.2% 的年轻人表示疫情对旅游消费水平的影响较小，仍会保持和疫情前同级别的消费；16.77% 的受访者表示会在“后疫情时代”适当提高旅游消费水平，且增加的预算将主要用于餐饮和住宿。其中，70.37% 的 Z 世代有意愿提高餐饮方面的旅行消费，62.96% 有意愿提升住宿消费水平。

报告显示，疫情之前，86.96% 的 Z 世代喜欢在旅行目的地打卡当地特色的“苍蝇馆”。但疫情之后，出于安全卫生因素的考虑，这一人群比例大幅下降到 35.28%；同时，选择服务正规的连锁餐饮品牌的年轻人从疫情前的 43.48% 升至 74.6%。马蜂窝旅游研究中心负责人冯饶分析认为，年轻人提高旅游消费预算主要是由于他们更加注重旅途的安全性，餐饮和住宿恰好与卫生安全直接相关。此外，他们在当地出行、大交通、景区门票等方面的预算也有所增加。

相比而言，Z 世代群体的旅行更加高频，每年旅行 2~3 次的人群占比 45.34%，每年出游 4 次及以上的人群占比也达到 12.42%，这一比例远高于其他年龄段的群体。

在国内游方面，Z 世代的消费决策周期发生了小幅变化。疫情前“说走就走”的年轻游客占比 36.02%，疫情后这一比例小幅下降至 29.19%，但年轻游客的平均旅游决策周期并未出现明显变化。北京、成都、上海、重庆、西安在最受 Z 世代关注的国内游目的地中排名前五。在出境游方面，Z 世代表现得非常谨慎。报告指出，多数年轻人的出境游计划被放在了半年后乃至更久，半年后有出境游计划的人群占比从疫情前的 14.91% 骤增至疫情后的 44.22%，而不提前做出境游计划的游客占比则从 4.35% 降低至 1.86%。

消费偏好个性化。

Z 世代的旅行方式和消费偏好也与上一代旅行者有着很多不同之处。相比前往热门目的地和知名景点，他们更追求个性化和小众体验，兴趣是他们旅行的最大动因。

报告显示，超过 40% 的受访者表示会因为一部影视作品或动漫选择某个旅行目的地。同时，他们的旅行也更加注重仪式感，例如有的年轻人将“打卡全世界著名的过山车”作为旅行目标，也有的旅行者计划探访全世界不同的动物世界。

报告显示，87.17% 的受访者会在每一次体验中设置“必打卡”项目或打卡清单，其中，博物馆是他们最喜欢的打卡地。此外，主题公园和咖啡店也受到Z世代的欢迎。

在“种草”方式方面，短视频对Z世代的渗透率明显高于其他群体，直播更是成为新兴的旅游种草路径，近60%的Z世代喜欢在马蜂窝等旅游平台上寻找更安全、更有深度的旅行玩乐攻略。疫情期间，视频化的旅游内容成为年轻旅行者释放旅行意愿和在线种草的重要方式。

与此同时，Z世代同样热衷于在社交网络上分享自己的旅行。报告显示，85.09%的Z世代热衷于在网络上分享自己的旅行内容，其中，近六成受访者表示喜欢在旅行中分享自己的见闻和趣事，近半数的Z世代旅行者表示会在旅行后整理和分享自己的旅游攻略。

（资料来源：国际商报，2020-07-08）

二、个性结构与旅游行为

（一）个性结构

1964年，加拿大临床心理医生埃里克·伯恩博士在其专著《大众游戏》一书中，提出了一种新的个性结构理论。该理论把个性分成三个部分，或者说个性是由三种自我状态构成，分别是“父母自我状态”“成人自我状态”和“儿童自我状态”。

埃里克·伯恩博士的这三种自我状态大体上和弗洛伊德的“超我”“自我”“本我”相对应。每种状态都是思维、感情和行为的单独来源。在任何情况下，人的行为都受到这三种个性状态或其中之一的支配。

1. 儿童自我状态

一个人最初形成的自我状态就是儿童自我状态。它由自然的情感、思维和行为所构成。一个人按他的儿童自我状态行动时，他想怎么干就怎么干，这叫作自然儿童自我状态；或者按他小时候所受的训练来行动，称为顺应儿童自我状态。

儿童自我状态是一个人的个性中感受挫折、不适当、无依无靠、欢乐等情感的那一部分。此外，儿童自我状态也是好奇心、创造性、想象力、自发性、冲动性和新发现引起的激动等源泉。儿童自我状态负责人们完全不受压抑、表面可笑的行为、天真烂漫的行为以及自然的言行。

儿童自我状态是个性中主管情感和情绪的部分。人们的欲求、需要和欲望大部分也由儿童自我状态掌管。每当一个人感到自己需要什么东西时，他的儿童自我状态就表达了他的愿望。比如，“我还想吃一块糖！”或者“我还没玩够！”可见，儿童自我状态表现出来的多是原始的、具有动机或动力性的东西。如果一个人的儿童自我状态疲弱，那么他就是一个缺乏活力的、刻板的人。

2. 成人自我状态

成人自我状态是个性中支配理性思维和信息的客观处理的部分。它掌管理性的、非感情的、较客观的行为。当一个人成人自我状态起主导作用时，他待人接物比较冷静，处事谨慎，尊重别人。这种状态支配下的人，说话办事逻辑性强，喜欢探究为什么、怎么样等。

3. 父母自我状态

父母自我状态是人们通过模仿自己的父母或在自己心目中其他具有父母一样的权威人物而获得的态度和行为方式。它提供一个人有关观点、是非、怎么办等方面的信息。

父母自我状态以权威和优越感为标志，是一个“照章办事”的行为决策者，通常以居高临下的方式表现出来。父母自我状态具有两面性：一方面是慈母式的同情、安慰；另一方面是严父式的批评、命令。父母自我状态告诉人们应该怎么样，也帮助人们分清功过与是非。

儿童、成人及父母自我状态的表现如表 6–5 所示。

表 6–5 儿童、成人及父母自我状态的表现

状态	语言表现	语调	非语言表现
儿童自我状态	孩子的口吻：我想要、我要、我不知道、我不管、我猜、当我长大时、好得多、好极了	激动、热情、嗓门高、尖声、欢乐、愤怒、悲哀、恐惧	喜悦、笑声、咯咯笑、可爱的表情、眼泪、颤抖的嘴唇、发脾气、眼珠滴溜溜地转、垂头丧气的眼神、逗趣、咬指甲、扭身子撒娇
成人自我状态	为什么、什么、哪里、什么时候、谁、有多少、怎么样、有可能、我认为、依我看、我明白了、我看	几乎像计算机那样不假思索	直截了当的表情、舒适自然、不很热情、不激动、默然
父母自我状态	按理、应该、决不、永远、不要、别、不、真蠢、真讨厌、真可笑、别再这样做了、你又想干什么、我跟你说了好多遍了、请你千万记住、好孩子、好宝贝、真可怜	高声 = 批评 低声 = 抚慰	皱眉头、指手画脚、摇头、惊愕的表情、跺脚、双手叉腰、搓手、叹气、拍别人的头、死板

在一个正常人身上，这三种自我状态处在协调、平衡的关系中，三者都在发挥作用。在不同情境中，有时是人的儿童自我状态起主导作用，有时是人的成人自我状态起主导作用，而有时是人的父母自我状态在支配着他的行为。哪种自我状态起主导作用，要视当时的具体情况而定。

如果一个人的行为长期由某一种自我状态支配，那么他的个性就出现问题了。一个主要由父母自我状态支配自己行动的人，即常处于父母自我状态的人，他往往把周围的人都当成孩子看待。常处于成人自我状态的人通常被称为是惹人生厌的人，他跟周围的人可能相处得很僵，甚至格格不入，因为他个性中关心他人的父母自我状态和天真活泼的儿童自我状态的侧面都被抑制了，未能发挥作用。常处于儿童自我状态的人一辈子都像个孩子，永远也不想长大。这种人从不独立思考，从不自己作决定，从不对自己的行为承担责任。

个性的三种自我状态必须相互平衡、协调，当它们共同有机地承担起支配行为的责任时，这个人才是正常的、健康的。当然，在日常生活中有的人虽然以某一种自我状态占优势，但他也是正常的。比如我们常见有的人较富理性，有的人更具责任感，而有的人更浪漫些。

（二）个性结构与旅游决策行为

个性结构理论把个性分成了三个独立的部分，每个部分都分别支配着不同类型的行为，这就为分析旅游者的旅游行为提供了参考依据。

人们是否要去旅游，到什么地方旅游，乘坐什么样的交通工具，游览什么样的旅游景点，个性的每一种自我状态都提出自己的看法。

一般来说，人们的旅游动机主要存在于儿童自我状态中，儿童自我状态最容易被诱惑、被激发。旅游广告中海滨的沙滩、美丽的草原、豪华的客机、高级的宾馆、新奇的娱乐设施和活动等，都可以使潜在旅游者内心的儿童自我状态激动不已，从而提出旅游的要求。然后，父母自我状态对儿童自我状态所提出的愿望和要求常常持保留态度，或提出一系列质疑，尤其是父母自我状态对儿童自我状态想外出旅游的欲望持有很大的怀疑态度。在这种情况下，旅游经营者若能提供一些具有教育价值，并能联络感情、消除疲劳、提高威望等方面的旅游活动项目和内容，便能激发父母自我状态中的一些旅游动机，鼓励他同意儿童自我状态想旅游的要求。如果父母自我状态同意儿童自我状态的要求，旅游的决定便形成了。如果父母自我状态不同意儿童自我状态的要求，旅游的决定便很难形成。此时，成人自我状态便会在父母自我状态和儿童自我状态之间扮演仲裁者，一方面，设法取悦儿童自我状态的要求（马上出发，把所有的钱花在旅游上）；另一方面，又要设法体贴父母自我状态的苦衷（钱和时间不要花费太多）。同时，成人自我状态迫使人们积极寻求有关资料，提出明智、合理的旅游计划，促成旅游成行的决定。如果人们没有了解到有关资料，或资料不足，那么他们将使旅游行动推迟。

所以，在旅游的促销活动中，首先要激发潜在旅游者的消费欲望，激发他们的快乐情感，使潜在旅游者处于“跃跃欲试”的状态。然后，对潜在旅游者进行理性说服，让其成人自我状态得出“可以”“还合适”“做得到”的结论。最后，要提出一个高尚的或有意义的理由，以满足父母自我状态的一些原则性要求，比如，“这样做合乎身份、有利于工作”，或打动父母自我状态的关心、爱护的一面。只有全面满足了自我状态的三方面要求，才能最终使潜在旅游者变成真正的旅游者。

案例分享

赴美中国游客的个性化要求日趋明显

美国《世界日报》报道，进入夏季旅游旺季，中国游客涌入美国南加州，除常规著名景点外，个性化线路需求增加，譬如哈雷机车朝圣游、学校毕业典礼游、名店美食游等，都成为旅行业者开拓商机的渠道。

分析：旅游者由于年龄、性别、社会阶层等诸多因素的不同，在个人喜好、兴趣、需求等方面都体现出了个性化。作为旅游企业，需要充分分析消费者的个性心理，以便更好地为旅游者提供个性化的旅游服务。

思考与练习

一、填空题

1. 个性具有________、________和可塑性三个特点。

2. 个性心理特征主要包括气质、________、能力等方面，其中________是核心。

3.________是性格形成的自然基础。

二、选择题

1. 下列不属于气质通俗说法的是（　　）。

A. 秉性　　B. 性情

C. 脾气　　D. 风格

2.（　　）的基本特征是活泼、好动、敏感、反应迅速、喜欢与人交往。

A. 胆汁质　　B. 多血质

C. 黏液质　　D. 抑郁质

3. 被称为“性格制造工厂”的是（　　）。

A. 家庭　　B. 社会

C. 学校　　D. 单位

三、判断题

1. 人的气质有优劣之分。 (   )
2. 遗传基因决定了人的个性的形成和发展。 (   )
3. 不同的个性类型会影响旅游者的行为和思维方式。 (   )
4. 他人为中心的人最强烈的旅游动机就是休息和放松一下。 (   )

四、问答题

1. 什么是个性?
2. 旅游者的个性对旅游者的行为有何影响?

项目七　透视旅游服务心理

学习目标

1. 了解旅游者在旅游服务各阶段的心理需求；
2. 掌握旅游服务各阶段的服务策略；
3. 了解旅游投诉的内容、旅游者投诉的心理动因；
4. 掌握处理旅游投诉的原则、策略和处理旅游投诉的程序。

项目分析

旅游业的本质和核心就是旅游服务，服务质量的好坏关系到旅游业的兴衰成败。在旅游活动的全过程中，旅游服务贯穿于旅游行业的各个方面和环节，并且旅游者在不同的旅游阶段有不同的心理需求，这需要旅游服务人员了解旅游者的心理规律并采取必要的应对服务措施，为旅游者提供打动人心的服务，从而使旅游服务不断适应旅游者发展变化的需求。

任务一　了解旅游交通服务心理

☞ **情境设计**

李红带的旅游团队30余人，于8月5日抵达成都，6日前往九寨沟风景区旅游。下午4点多钟，该团乘坐的旅游大巴车在四川阿坝州茂县境内刹车失控，坠落山谷，造成1人死亡、多人受伤的惨剧。据游客回忆，当时正值下雨路滑，山区浓雾，旅游车转弯时失控跌落山谷。但后经查实，这位司机一路上都在用手机与他人大声争吵，有的游客劝他小心驾驶但也没效果，甚至对一车游客骂骂咧咧，情绪十分激动。在急转弯时，司机大意没有减速，终于酿成大祸。

根据以上情境，完成下列任务：

1. 旅游者在旅游交通中的需求是什么？
2. 如何保障旅游交通的安全。

☞ **任务分析**

旅游者开始旅游活动的第一步和最后一步都需要交通服务。旅游交通是实现旅游活动不可缺少的先决条件，也是游客外出最关心的问题。旅游目的能否实现，很大程度上取决于交通服务水平能否满足旅游者的需要。只有构建安全、快捷、舒适、准时的交通服务体系，旅游活动才能顺利开展。而旅游者如果对旅游交通服务不满意，也影响着旅游者对整个旅游活动的评价。

一、旅游者对交通服务的心理需求

（一）安全

交通安全是旅游活动顺利开展的前提条件。在外出的旅途中，安全需要是旅游者放在首位的、最关心的，只有消除人们出行的紧张不安的心理，人们才能充分享受到旅游活动的乐趣。为了满足旅游者的安全需求，旅游经营者要从交通设施的完善和交通工具的性能提升、安全制度的完备等方面着手，降低事故发生率和可能性。

（二）快捷

人们在外出的旅游活动时，都不希望把时间花费在无意义的、枯燥的旅途当中，都想以最快的速度到达目的地，减少在旅途中所耗费的时间，所谓的“旅宜速、游宜慢”正是这个意思。一般来说，旅行社在设计线路时，交通上面耗费的时间最多只能占整个行程的四分之一，如果太多时间耗费在行程中，游客会感到疲惫。

（三）舒适

旅游者外出旅游，是为了享受自然、愉悦身心，舒适快乐成为大多数游客在旅游活动全过程中普遍的心理需求，其中也包括对旅游交通的舒适需求。干净整洁、乘坐舒适平稳的座椅，先进的服务设施，完善的服务项目，能为游客提供热情周到服务的交通工具成为游客外出旅游活动的首选。

（四）准时

准时是旅游交通过程中旅游者最普遍的心理需求，游客都希望交通服务能按计划准时运行，不要提前或推后。

二、旅游交通服务策略

（一）确保游客的安全

旅游交通必须满足游客注重自身安全的心理需要，树立“没有安全就没有旅行”的理念。一旦发生交通事故，就会严重影响游客对交通安全方面的信赖。因此，旅游交通部门应采取一切有效措施，防止交通事故的发生。首先，旅游交通部门应满足游客对交通的不同需求，选择与旅游地相适应的旅行交通工具。其次，在旅行开始前，必须先对交通工具进行认真的检查。交通工具在运行过程中受机械故障的影响，有发生事故的可能。最后，应当对司乘人员进行安全方面的教育，尽量避免事故发生。

（二）不断提高旅游交通条件

为了确保游客对安全知觉和时间知觉的满足，必须不断提高区际、区内的旅游交通硬件条件。这里所说的交通条件包括道路、基础设施和交通工具三个方面。

1. 道路条件

应当对区域内道路网络进行科学的规划，包括道路网络的密度、交通线路的选择、路面的等级状况等。道路网络密度应根据区域内的人口、经济状况、旅游点的数量和分布进行设计。选择交通线路时，考虑到游客的安全因素，就要尽量避免险峻的地方，同时又要尽量缩短里程，这样也就缩短了在旅游途中的时间。而路面状况的好坏直接关系到游客在旅行途中的舒适度，因此在经济允许的情况下，应尽可能地提高路面等级。

2. 基础设施条件

基础设施是指机场、车站、码头等设施，如图 7-1。首先，在地理位置上应当对基础设施进行科学的规划与布局；其次，在各种设施上应做到现代化，既与各种交通工具相匹配，又要考虑到游客的方便，实现旅游交通服务的综合性特点，相关企业联网经营、协调配合，简化手续，方便旅游者。例如在我国首都机场设有银行、商店、餐厅、出租汽车站、画廊等，使游客不仅得到了休息，而且得到了美的享受。这些地方的服务一定要做到文明礼貌、热情大方，一切为游客考虑，作为旅游交通服务的窗口，其服务质量的好坏直接反映整个部门的服务情况。

图 7-1 青岛高铁车站客服中心

3. 交通工具

现代化的交通工具是现代旅游业发展的主要原因，它不仅大大缩短了时空距离，还给游客的安全、方便、快捷、舒适提供了条件。如，现代化交通工具都应提供减音装置和空调设备，满足游客在旅行途中对噪声、空气污染、温度异常等的适应度。如图 7-2。

图 7-2 高铁商务舱

（三）提供全面的交通服务

现代化交通工具已经大大减少了交通事故的发生，只有全方位的服务才是现代旅游交通的核心内容。首先，旅游交通部门应建立一系列服务体系。例如，为了使游客感到更方便，应建立“一条龙”的服务体系。该体系是在联合运输的基础上延伸和发展起来的，使单一化服务向多层次、多功能、全方位发展，由场所内向场所外的联网发展，由中间环节服务向两端延伸的服务发展。这种服务体系具有很强的系统性和依托性，其中任何一个环节出现问题，都会产生一系列连锁反应。旅游交通部门应和气象部门取得联系，为游客预报旅途中和旅游目的地的气象情况，使他们提前做好各项准备工作。例如，有些大的航空公司向游客提供“机场—旅馆”一条龙的服务体系，此举深受游客的好评。其次，应该加强旅游交通服务的软件建设。旅游交通服务工作是复杂而又艰苦的，这就要求其工作人员具有良好的心理品质，如高尚的情感、顽强的毅力、敏锐的观察力、分析判断能力及组织应变能力等，特别是要处处以游客为中心，为游客着想，关心体贴游客。

拓展知识

服务“大升级”，推动高铁高质量发展

2020 年 12 月 14 日，京沪高铁推出“静音车厢”为旅客出行提供更多的选择，更好适应人民群众对美好旅行生活的需求。

铁路的发展在当代已经不仅仅是准点到站，保障出行这么简单，铁路的服务质量在时代的推进下已经迈上了全新的发展道路。人们在出行的选择上得到更多的人性化选项，在“静音车厢”内，旅客使用各类电子设备要佩戴耳机、关闭外放，手机要调成静音、接打电话时需要离开。乘务员会定期巡视，来保证车厢的安静。另外，车内的车载视频系统默认静音，自动广播音量最高音量也设在 40% 以内。为旅客提供静心、舒适的旅程。

任务二　饭店服务心理

情境设计

李红所带的团住在三亚一家四星级酒店，这家酒店交通方便，设施比较完善。但由于近几天雨水较多，房间湿气大，床单、被子摸着潮潮的，空气中弥漫着怪味，游客洗的衣服也干不了，特别有几个房间的空调还出了故障，这让游客很不满意。在酒店用早餐时，酒店提供的种类比较少，口味也单一，缺少特色，游客有些失望。

根据以上情境，完成下列任务：

1. 讨论游客在住宿和就餐时有什么心理需求。
2. 你认为饭店应该怎样解决这些问题？

☞ **任务分析**

旅游饭店主要解决游客休息和就餐的需要，这也是游客最基本的需要。干净是游客对住宿的第一需要，卫生和健康都是他们最看重的，所以，酒店的被子和空气让人觉得不够干净，而空调的故障影响了客人的舒服度，也让客人不满。在旅游地，游客希望吃到有特色、合口味的食物，这也是这家酒店需要改进的。

旅游饭店已经发展成为集“食、住、行、游、购、娱”于一体的综合体，它在旅游活动中发挥着越来越重要的作用，饭店也被誉为是客人的“家外之家”。在饭店服务的过程中，住宿与餐饮是一家旅游饭店最基本、最重要的功能，了解旅游者的基本需求，针对他们的不同心理需求采取相应的服务，对不断提高饭店服务质量有着重要的意义。

一、客房服务心理

（一）旅游者对客房服务的心理需求

1. 整洁卫生

整洁卫生是反映饭店服务质量的一项重要内容，是饭店档次、等级的一个重要标志。客房是客人在饭店停留时间最长的地方。在对客房整洁卫生方面的要求上，不同类型和层次的客人是高度一致的，即清洁、卫生、整齐，这些能让客人产生依赖感、安全感、舒服感、温暖感。

2. 安静

客房的最主要功能是用于客人休息，客房环境的宁静是保证这一功能实现的重要因素。出于现代都市生活的丰富性，有些客人可能喜欢过夜生活，而在白天睡觉，所以饭店客房对宁静的要求不是单纯指夜间这一段时间，即使在没有客人休息的情况下，也要保持宁静，因为这会给人舒服、放松、高雅的感觉。

3. 舒适

谈到饭店服务，人们常讲的一句话是“宾至如归”，就是说让客人感觉在饭店中生活就像在自己家里一样，有家的温暖和方便舒适。当客人入住饭店后，客房服务就成为客人感受到的最重要的服务。舒适程度也是客人评价和选择客房的主要标准之一，舒适和整洁一起构成评定客房的最重要尺度。不同的游客都有一个共性的心理需求，那就是追求快乐。在旅途劳累或游览活动结束之后，人们迫切需要一个舒适的休息场所来恢复体力。如图 7–3。

图 7–3 酒店客房

4. 公平

旅游者外出旅游，希望得到公平合理的待遇，不因外表、社会和经济地位的差异就受到冷遇或在价格上感到吃亏。旅游者希望在消费时明明白白，不存在隐性消费等消费陷阱，不存在“大数据杀熟”。

拓展知识

“大数据杀熟”

“大数据杀熟”，对每一个活在互联网世界里的人来说都不陌生，在 2018 年这个词被广泛关注和报道。对于旅游行业来说，“大数据杀熟”就是指在旅游平台订酒店、订机票，老用户比新用户多花钱。2020 年 10 月 1 日起，文化和旅游部公布的《在线旅游经营服务管理暂行规定》正式施行，规定明确了在线旅游经营者不得滥用大数据分析等技术手段，侵犯旅游者合法权益。在线旅游滥用大数据等技术手段，基于旅游者消费记录、旅游偏好等设置不公平的交易条件，不仅违反了商业诚信原则，会降低用户对平台的粘性，还是违法行为，将面临法律的处罚。

（二）客房服务策略

1. 保持房间的整洁卫生

客房通过反复出租来实现其价值，所以保持整洁卫生是客房服务的首要任务。在整理客房时，首先要看门上的标志，在无特殊标志情况下，按常规次序打扫房间。

服务员进门时要先按门铃或敲门，绝不能直接进入。进房后，无论客人是否在，都须打开房门，如果客人在房间，要立刻向客人讲明身份和缘由，询问是否需要整理房间。清理时，要将正在清扫的标志放在门闩上，整个过程中房门始终要开着。

2. 保持房间的安静

保持宁静的环境是客房服务的一项重要工作，是衡量服务质量的一个标准。要减小和消除噪声，必须做到硬件本身不产生噪声，饭店选择设备的一个重要标准就是它产生的噪声要小，还要能阻隔噪声；另外，在软件（服务）方面也要注意，员工须做到“三轻”：走路轻、说话轻、操作轻，为此，饭店要加强对员工的培训和行为习惯的培养。

3. 热情周到的服务

服务人员提供服务应是主动热情的、礼貌有耐心的、及时周到的，让客人感受到亲切的态度、真诚的微笑、热情周到的服务，能够最大限度地消除客人的陌生感和距离感等不良情绪，缩短彼此的感情距离，增进相互信赖感、支持和尊重。现代饭店除了满足客人的正当生理需要以外，也要满足客人的心理需要，客房服务不仅要让客人感到像在家里一样舒适，而且应该努力让客人感到比在家里还要舒适。

4. 注重产品的创新

随着生活水平的提高，人们外出旅游的要求也越来越高。入住饭店不再只是寻求一个栖身之地，更是期待获得一种新的经历，一种全新的体验。标准化的客房设施和服务可能会使游客感到厌倦，所以饭店业应该不断地开发设计特色客房，功能齐全、个性鲜明，满足客人求新的心理。如图 7–4、7–5。

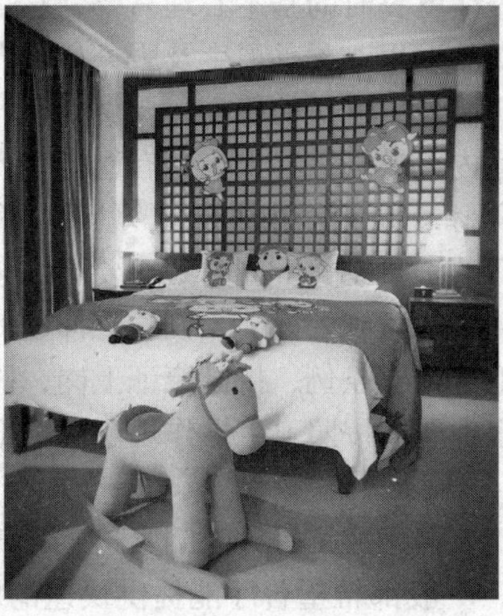

图 7–4 亲子客房

图 7–5　电影主题的客房

二、餐厅服务心理

（一）旅游者对餐厅服务的心理需求

1. 美味

旅游者在餐厅就餐希望能品尝到餐厅特色、美味的食物，并且菜肴是否合口味成为就餐至关重要的因素。旅游者在餐厅就餐不仅是要大饱眼福，而且还希望能大饱口福，对菜肴的外观、色、香、味等都希望能满足自身的需求。

2. 卫生

清洁卫生是宾客在餐厅就餐时的基本心理需要，它是安全需要在就餐时的反映。它包括环境卫生、食品卫生、餐具卫生及服务员个人卫生等方面。良好的环境卫生会给人带来安全、愉悦、舒适的感觉，要做到空气清新、地面整洁、窗明几净、桌椅干净整齐、厅内无蚊蝇等害虫，只有这样客人才能放心坐下就餐；餐厅要提供新鲜、卫生的食材，防止病从口入，严禁使用腐烂变质的食物，尤其是凉拌菜要使用消毒处理后的工具制作；同时餐厅要严格按照国家有关卫生标准清洁、消毒餐具，餐具清洁必须做到一洗、二刷、三冲、四消毒、五保洁；每位餐厅服务员都要严格遵守卫生工作条例，持健康证上岗，服务人员尤其要注意个人卫生，在客人就餐的过程中严格按照卫生操作规范提供服务。

3. 快速

现代生活的快节奏使人们形成了一种时间紧迫感，养成了快速的心理节律定式，客人到餐厅就餐时，一般都希望餐厅能提供快速的服务。心理学研究表明，期待目标出现前的一段时间使人无聊，甚至痛苦。从时间知觉上看，在期待目标物出现前的那段时间，人们会在心理上产生放大现象，觉得时间过得慢，时间变得更长。人们到饭店就餐除了基本的生理需求外，还有心理和社会需求，如果服务节奏很慢，客人就会感觉被怠慢了，在他人面前会感觉没面子，自己会有尊严受到侵害的感觉。

4. 尊重

对到餐厅就餐的客人，服务人员首先要热情接待，这是餐厅服务的良好开端。心理学研究表明，饥饿的人容易激动或发怒。因此，客人一进餐厅，服务员就应把客人的情绪导向愉快。然后，服务人员要主动上前领座，而不能让客人自己找座位，以免客人感觉被冷落，同时要注意征询客人的意见，由客人决定坐在什么位置。此外，在介绍菜单、帮助上菜、倒酒和派菜等服务上，除了应注意服务技巧以外，还要注意尊重客人的风俗习惯、生活习惯。这需要服务人员在服务过程中细心观察、主动询问，熟悉和了解相关常识。

（二）餐厅服务策略

1. 美好的视觉形象

餐厅的门面要醒目，要有独特的建筑外形和醒目的标志，餐厅内部装饰与陈设要整齐、和谐，清洁、明亮，要给人以美观、大方、高雅、舒适的感觉。餐厅的整个设计要有一个主题思想，高贵或典雅，中式或西式，古典或现代。色彩也要依据餐厅设计的主题思想来选定，要了解不同的色彩所产生的心理效果。餐厅的光线要适宜，使客人心情舒畅。例如，上海佘山世茂洲际酒店的神秘而尊贵的渔火餐厅，如图 7-6，位于地下 15 层，由 10 米深的水族馆环绕四周，用餐时仿佛置身海底世界，与鱼比邻。

图 7-6　上海佘山世茂洲际酒店的渔火餐厅

2. 愉快的听觉形象

美好动听的音乐对人的心理有调节、愉悦的作用，而噪声却会给人带来不良的影响，如烦躁或痛苦。在公共餐厅，由于就餐人数众多，为了不影响客人的食欲和情绪，餐厅要尽量减少噪声的存在，比如可以在餐厅中播放背景音乐以掩盖和降低噪声。

3. 良好的嗅觉环境

在餐厅中，由于各种菜肴大量存在，会散发出各种气味，嗅觉是不愉快的。因此在餐厅中要注意通风，多种气味混合在一起后就需要保持空气的清新，同时要注意不能让厨房的油烟以及各种气味散发到餐厅中来。

4. 良好的食品形象

中餐素以色、香、味、形、名、器俱佳而著称于世，就餐的客人不但注重食物的内在质量，也越来越注重食品的外在形象。因此，餐厅提供的食品既要重视风味品质，又要重视形式的美感。多种感官联觉的心理活动，会给客人留下更加美好的记忆，使其获得身心融合的愉悦体验。

拓展知识

食物颜色与饮食心理

红色给人一种强烈、刺激的印象，因为具有能够令人精神兴奋的作用，可以用来刺激食欲，吊起胃口。

橘红色是刺激食欲最恰当的颜色，可以同时让人有强烈的感受或联想到酸甜以及香辣的味道。在心理上可以让人推迟饱腹感觉的产生，因而容易引起暴饮暴食。

黄色可以使人同时产生酸和甜的味道，所以具有促进食欲的作用。能够给人温暖、愉快的感觉，所以黄色常常被用于食品店的照明。

粉红色给人以酸甜美味之感，可以提高食欲。并特别倾向于甘甜的意味，所以常用于孩子的消费品装饰上，如零食、糖果等。

白色有咸味之感，在白色的盘子里放上食品，食品颜色倒映于白碟上，可以提升食欲。白色能够营造出一种清洁、新鲜的氛围，例如，咖啡厅、餐厅在店面装修时多采用白色。

蓝色虽然可以给人以清爽之感，但同时有枯萎的含义，令人食欲减退。在食品行业，蓝色会给人一种食物腐坏的印象，从而会造成味道不佳的错觉。

绿色，根据绿色明度和色度的差异，会使食物给人的感觉不同。明度较高的绿色给人一种清洁、新鲜美味之感，而明度低的颜色则给人一种苦味之感，抑制食欲。绿色在心理上给人一种舒适、安定的感觉，所以若用于节食减肥效果较好。

黑色，近几年出现一个新词汇——黑色食品，有研究报告称黑色的食品有利于健康，因为黑色的食品能给人心理依赖感。

（资料来源：闫红霞，王琳丽．旅游心理学［M］．电子工业出版社，2016.）

任务三　导游服务心理

☞ 情境设计

李红在带领游客在海南旅游中，虽然经验不足，但是她的工作态度非常好，耐心、细致，她发现大家对旅游的兴趣各不相同：王先生好奇心强，喜欢中国的传统文化，每参观一处景点都刨根问底；李女士出手大方，一到景点就喜欢购物，对导游的景点讲解不以为然；张小姐是遇到了伤心事，出来旅游为了缓解悲伤的情绪。李红针对他们不同的要求和特点，分别对待：对王先生多讲风土人情；对李女士则详细介绍旅游商品的特点，帮助她选购商品；对张小姐则尽量给予照顾，体贴入微。在旅游结束的时候，大家对李红的服务非常满意，纷纷与她握手致谢，难舍难分！

根据以上情境，完成下列任务：

1. 讨论导游李红受到游客喜欢的原因是什么？
2. 分析游客在游览中有哪些心理需要。

☞ 任务分析

导游李红良好的工作态度给游客留下了美好的第一印象，也为她整个旅游活动的顺利开展打下了好的基础。李红善于观察游客，了解他们不同的兴趣、爱好，并针对他们的心理特点进行服务。同时，她关心体贴游客，用真诚赢得了游客的信任和友谊。

导游服务是旅游服务中最直接面对旅游者的服务，导游不仅负责引导旅游者参观游览，还承担着食、住、行、游、购、娱等各方面的综合服务任务。导游有必要了解每一阶段旅游者的心理特点，提供有针对性的服务，满足客人的需求，让他们乘兴而来，满意而归。

一、旅游者在游览过程中的心理需求

旅游者在旅游过程中的不同阶段表现出不同的心理，导游要根据其不同阶段的心理，有的放矢提供服务，让旅游者得到心理的满足感。

（一）旅游初始阶段

旅游者带着美好的憧憬踏上旅途，对路上正在经历的和即将经历的新鲜事物感到紧张、不安、激动。旅游者对旅游活动中安全、便利等方面的信息缺乏一定的了解，容易产生紧张的情绪，故存在着拘谨和戒备；有的旅游者还有茫然感和惶恐感，因而沉默寡言，谨慎小心。这些心理的变化也与生理因素相关，旅游者因为改变了作息时间，有些国外旅游者还要倒时差一时适应不了，因而心理会产生变化。

在这一阶段，导游应当为旅游者安排适应新环境的过渡期。首先，利用旅游者对导游依赖性较强的心理，建立起旅游团群体规范，这有利于带团工作顺利进行。其次，导游应以随和轻松的心态与旅游者进行交往，以生动精彩的讲解和耐心细致的解答满足旅游者的好奇心。为旅游者提供全面真实的旅游目的地的相关信息，并交代此次出行的一些注意事项。导游真诚、热情的接待和周到、细致的服务，不仅可以在旅游者的心中树立起可信赖的良好形象，而且能消除旅游者紧张、不安、激动的情绪。

（二）游览阶段

游览是旅游活动的主要内容。随着旅游者与导游之间了解的加深，旅游者的心理从对环境不熟悉而出现的求安全心理和戒备心理变成以轻松、愉快的心态进入旅游体验中。此时，旅游者的性格特点开始显露，特别是性格弱点逐渐暴露，比如，自行其是、时间观念差、集体意识不强、自由散漫等。这一阶段也容易和其他成员产生矛盾。

大多数旅游者在这一阶段还会出现求全心理，对自己所参加的旅游活动要求过于理想化。认为自己既然是花钱旅游，那么旅游活动中的一切都应是理想而美好的，从而产生过高要求，对旅游服务和旅游产品难免挑剔和指责，一旦其提出的要求得不到满足，就会出现强烈的反应。

游览阶段是旅游团最紧张、最辛苦的阶段。旅游团的活动一环扣一环，难免会出现一些差错，为了顺利完成这一阶段的工作，并让旅游者得到安全优质的导游服务，导游应注意以下几点：

1. 注意满足旅游者求知的心理

导游在进行讲解的过程中要因势利导地满足旅游者的心理需要，讲解要有策略，如图 7-7，要有针对性，要能引起旅游者的求知欲望，简要介绍主要旅游景观，给旅游者更多的时间尽情地欣赏。同时，导游应该善于察言观色，根据旅游者的情绪反应，调整自己的讲解内容和方法。

图 7-7　长沙马王堆汉墓出土的“冠人”俑

2. 控制游览的节奏

导游要注意旅行与游览活动有张有弛。在整个游览活动过程中，独特、新奇的旅游项目不要安排在一起，这是因为，正常人的心理状态不会长时间都维持在一个较高的水平，为了能达到更好的游览效果，应合理安排经典景点的游览时间，这样才会收到较好的游览效果。

（三）旅游后期阶段

在旅游活动的结束阶段，旅游者会对旅游期间所接受的服务进行整体回顾和综合评价，这个时候他们的心理是复杂的，既兴奋又紧张。因在整个旅游过程中自己增长了见识，放松了心情，在旅游活动结束后，马上就可以返回自己的家乡，可以和亲朋好友分享自己此次旅游的经历见闻而感到兴奋；但是在这一阶段旅游者也会出现紧张和忙乱心理，如觉得时间过得太快，还有部分纪念品未买，担心行李超重等；此外有些旅游者意犹未尽，对尚未结束的游览活动恋恋不舍，甚至对当地产生依恋之情。导游此时进行一段完美的结束语是非常必要的，结束语既体现导游对旅游者的真诚祝福，又表达对即将离去的旅游者的留恋。

二、导游服务策略

（一）建立良好的第一印象

第一印象，亦称首因效应，即人们第一次见面所形成的印象，影响今后的认知判断和交往。人们通常认为，这是社会知觉中一种重要的印象管理，影响社会交往双方的态度和行为方式。在导游服务中，刚开始就给游客留下一个良好的印象，可以为在以后的旅行活动中取得游客的信赖与谅解打下良好的基础。在初次接触时，导游的一个微笑、一句亲切的话语会使游客感到安慰，产生安全感。

导游若想给游客留下良好的第一印象，首先，需要善于观察游客的言谈举止，准确判断游客的需要与动机。由于游客的职业和身份不同，旅游的需要与动机也不同。在与游客初次接触时，导游应该从游客的着装、表情、行李、语气以及行为等方面作出准确的判断，以便作出相应的接待和服务。其次，导游的穿着打扮要求大方、端庄，体态容貌健美、饱满，应当与其工作环境相协调，以便为游客留下朴素稳重的良好印象。最后，导游在工作中要有守时的观念、公正的态度和主动服务的精神。

（二）适当掌握旅游节奏，张弛有度

游客总希望在短时间内游览更多的景点，但高强度的旅游活动又易令游客疲惫。因此，导游应注意合理安排旅游节奏，不能让游客感觉走马观花，以免使游客产生感知活动和精神上的疲惫感。

（三）讲解语言应发挥特有的感染力

导游要注意运用准确、生动而形象的语言，挖掘出旅游资源的吸引力，以语言魅力来调动游客的观赏兴致，激发游客的想象力，使其从中获得旅游的乐趣。导游的讲解要抑扬顿挫，富有美感，语言表达清楚、生动而幽默。

（四）提供细微的服务，建立良好的情感关系

在旅游中，导游与游客之间是服务与被服务的关系，良好的人际关系和彼此交往、真心对待可以增进人们之间的合作与谅解，建立在友好、亲切的积极情感体验关系之上的导游服务会更加顺利和愉快。

任务四　购物服务心理

☞ **情境设计**

游客在海南旅游的一个心愿是购买当地的特产，带给家人和朋友。海南的特产多，大家的购物热情也很高，李红发现一个有趣的现象，不同年纪、不同性别的游客购买的东西不一样。年长的游客大多购买的是食品，如海产品、黑胡椒和白胡椒、辣椒酱等；年轻的游客更多选择了零食，如椰子糖果、椰香酥饼、热带果脯等。男性游客买了槟榔酒和地瓜酒；女性游客买了珍珠粉、珍珠项链、水果，还有免税店里的进口化妆品等。大家的行李越来越重，而女性游客行李的大小和数量都超过了男性旅游者。

根据以上情境，完成下列任务：

1. 讨论不同类型游客购物的心理是什么？
2. 如果你是一名游客，你准备买什么？

☞ **任务分析**

购物作为旅游的一项内容必不可少，很多游客去某地旅游最重要的原因是为了购买当地产品。由于游客的需求不同，购买的产品也不一样。年长者注重实用，年轻者求新奇。女性注重美，更多购买化妆品、首饰；男性好酒水，对当地的酒有兴趣。

随着旅游者的增加，旅游购物热的持续升温，提高销售人员的服务水平成为打造优质服务的核心因素。销售人员要了解旅游者的心理需求，才能够提供有针对性的服务。

一、旅游者购买行为心理

（一）求纪念价值

旅游者在旅游活动中购买旅游商品，大都是因为商品的纪念意义，这种心理非常传统和典型。表现为旅游者对异地具有民族特色、地方特色、审美价值和纪念价值的旅游商品兴趣浓厚，并购买它们作为礼物带回家送给亲友或留作纪念，以加深对旅游经历的感受。例如，外国旅游者喜欢在中国购买丝绸、工艺美术品等。中国游客去国外旅游，也会购买当地特色商品。

（二）求新奇

在旅游购物中，好奇心起着一定的消费导向作用。而一些时尚、新颖或独特的商品最能满足旅游者追新猎奇和追求个性的心理。这类旅游者不重视商品的实用性和价格，而是更多地关注商品的造型、色彩、式样、外观等。他们对广告宣传和社会潮流很敏感，易受情绪的支配。

（三）求名

这是一种借购物以显示和提高自己的身份、地位为主要目的的购买动机。以具有一定政治地位和社会地位的政界、社会名流为多见，他们选购商品时不太重视消费支出的实际效用，而格外重视商品表现出的社会象征意义。

（四）求实用

这种心理的特点是注重实用、实惠。具有这种心理的旅游者注重商品的使用价值和质量，价格上要经济实惠。他们在购物时仔细慎重、精打细算，不易受外形、包装、商标和广告宣传的影响。有些海外旅游者喜欢购买中国的茶叶、金华火腿（如图 7-8）等，价廉物美、经济实用是这些商品畅销的主要原因。

图 7-8　浙江的金华火腿

（五）求馈赠

人们外出旅游购买旅游商品时，除了自己留作纪念外，还有一个重要的动机就是馈赠亲朋好友、邻里同事，以此联络感情，加深友谊。

（六）求知识

这种心理的特点是通过购物获得某种知识，有些游客特别喜欢售货员或导游员能介绍有关商品的特色、制作过程、所用原料或历史年代、奇闻逸事，以及鉴别有关商品优劣的知识等。这类旅游者对现场画画、雕刻、手工艺品及其有关资料说明特别感兴趣。

二、旅游商品销售服务心理策略

要做好旅游商品销售工作，除了使旅游商品满足游客的需要、使商品包装精美以外，要真正实现商品从旅游企业转移到游客手中，销售人员的服务技巧也起到了非常重要的作用。

（一）热情周到的服务态度

商品服务人员应随时注意自己的言谈举止、动作表情、服务态度，给客人留下良好的第一印象。同时，要以诚挚、善意的微笑和关切、清晰的语言向顾客打招呼；用简洁、明快的语言向客人介绍商品；不厌其烦地向客人出示商品。热情周到的服务态度可以促使无购物需要的客人产生购物行为，同时提高销售数量和收益。从客人的角度出发，学会换位思考，站在游客的立场，中肯地对他们想要选购的商品提出合理化建议，弱化游客的心理防御倾向。

（二）把握销售时机

当客人长时间凝视某一商品后把头抬起来时，当客人突然止步盯着某一商品时，当客人到处看、像在找什么时，当客人与售货员目光相遇时，售货员均应该及时地迎向客人，微笑示意，礼貌地招呼客人："您好！""我能为您做点什么吗？""您想看看什么？"

一般来说，光顾商店的游客大致有三种类型：

一是实现既定购买目的的游客。这类游客要买什么商品，在他们进商店之前就早有打算。因此，他们显得比较自信，很少问这问那。营业员接待这类游客时，不必过多介绍商品的特点、性能、规格和使用方法，游客要什么就拿什么。

二是了解行情的游客。这类旅游者进入商店后，东看看，西瞧瞧，主要是比较一下这里的商品与他们本地的商品在价格、式样等方面的差异。如果觉得合算，就可能买。买与不买常常就在一念之间。营业员在接待这类客人时，大有文章可做。首先可用"您先看看"的招呼语言，并视其心理状态伺机向其介绍商品的特点，如果客人被所介绍的商品吸引，就进一步了解他是给自己买还是替别人买，再进一步了解使用者的年龄、性别、爱好、职业等情况，帮助顾客下决心，促使其产生购买行为。

三是浏览商品或看热闹的游客。这类游客的心理动机大多是为了满足精神需要而来商店逛逛。他们常常是两三个人边走边谈，指指点点，偶尔也向营业员询问某些商品。营业员接待这类游客时，不能采取怠慢、应付的态度。因为眼前的游客，也许就是明天的购买者。因此，营业员应给这类游客留下良好的第一印象。

（三）做好商品展示

合理的商品展示，加上恰如其分的服务，可以吸引客人的目光，使客人全方位感受商品，刺激游客的购物欲求，同时给客人的购物过程以美的享受。

1. 使用状态刺激直觉感观

将商品做成使用状态，给客人以直观印象，并促进客人的联想。如可以把领带贴近客人胸前，让客人比照；可以把外套打开让客人试穿。

2. 触摸商品引起购物欲望

除食品、点心类以外，其他商品都应该尽量让客人可以拿在手里或者尝试，以激发游客的购物愿望。如很多旅游地茶叶的销售一般都会在演示茶道、讲解茶经的同时让客人品茶；一些商场的化妆品会在美容课讲解的同时为客人试用产品。这些都是为了让客人产生购买的欲望和行为。

3. 充分揭示商品特性，调动购物的潜在需求

在第一时间抓住客人一扫而过的目光，商品的特性展示非常必要。要将商品的重要部位、优点和特点展示出来。比如，防水的手表放在装饰美观的水瓶内展示，真皮防皱的皮鞋弯曲摆放在圆形鞋架中间的孔中展示等。

4. 多种商品展示，满足多重购物需要

游客购物总有比较研究后才购买的心理和习惯。因此，为了提高游客的购物热情，满足客人的多重需求，应该设计摆放多种类商品，便于他们比较挑选。

拓展知识

从设计看日本工业设计“软实力”

日本经济泡沫破灭后，日本政府确立了“设计兴国”的战略，为日本设计师提供了一个个可以大胆挥洒灵感的舞台。在短短的10多年时间，日本设计界涌现了原研哉、三宅一生、山本耀司等一大批具有国际影响力的设计师，获奖无数。他们简洁、细致、天马行空而又超酷的设计作品代表着日本的软实力，影响日益深远。

无印良品，在日文中的意思是“没有商标的优质品”，出售的产品类别从铅笔、笔记本、食品到浴室、厨房的基本用具都有，只是一些日常杂货而已，可是因其极简的设计，因其体现的自然、简约、质朴的生活方式而大受欢迎，无牌胜有牌。空白在这里也成了一种艺术形式，为用户提供各种可能性，不分年龄、不分性别，这是无印良品产品的定位，在设计中体现了一种低调的品质感。日本的简洁设计，已经在世界各地推广开来，它也正符合当今低碳环保的理念和价值观，所以无印良品能够在世界各地获得良好的评价。

任务五　旅游服务的投诉和处理

☞ **情境设计**

李红带团在酒店的餐厅就餐时，游客小王对服务员迟迟不来为他服务大为不满，大声嚷道：“怎么还不过来，你磨蹭什么呢！”服务员听了他的话很反感，不客气地回敬他一句：“你嚷什么呀，没看见我正忙着吗？”两个人就为这件事而争吵起来。在争吵中，小王说：“你知道吗？我是你们的客人，你这个服务员怎么能这样跟我说话？”服务员说：“怎么啦？你也是人，我也是人，你能这么说，我就能这么说！”接下去，两个人的争吵愈演愈烈。最后，游客小王向酒店投诉。

根据以上情境，完成下列任务：

1. 讨论引起客人投诉的主要原因是什么？
2. 在客人进行投诉的时候，应该如何正确处理？

☞ **任务分析**

这家饭店的服务员没有受到正规的培训，一是不懂得游客对于饭店的意义，也就是说客人是饭店的生命线，只有客人光临才能使饭店生存；二是不知道角色扮演与人格之间的不同，混淆了二者，偷换了概念；三是不了解客人心理需求，缺乏基本的职业素质。很显然，游客小王对这位服务员的态度和效率都非常不满，进行了投诉。酒店的有关部门该如何处理小王的投诉，把投诉的消极因素转变为积极因素，这是应该认真思考的。

有消费市场专家研究发现：一个满意的顾客会告诉他周围的 3 个人；一个不

满意的顾客会告诉 8 至 12 个人；留给顾客一个负面印象，往往需要至少 10 个正面印象才能弥补；当一个顾客的抱怨或投诉得到圆满处理后，他会将满意转告 5 个人；顾客对企业的忠诚值等于 10 次购买价值；开发一位新顾客所花费的成本是保持一位老顾客的 5 倍；一位老顾客贡献的利润是新顾客的 16 倍。这些数字给我们两个启示：一是旅游服务从一开始便要追求完美；二是旅游企业必须高度重视旅游者的抱怨和投诉。

一、什么是旅游投诉

旅游投诉主要是指旅游者主观上认为未得到满意的服务，或认为损害了他们的利益，而向有关部门和人员进行反映，或要求给予处理的行为。旅游投诉一般包括口头投诉和书面投诉两种类型。

特别提示

广义的旅游投诉是指旅游者、海外旅行商、国内旅游经营者为维护自身和他人的旅游合法权益，对损害他们合法权益的旅游经营者和有关服务单位，以书面或口头的形式向旅游行政管理部门提出投诉，请求给予处理的行为。

旅游投诉的特点是：投诉主体必须参加旅游活动；客观条件必须是投诉人的合法权益受到损害；主观条件为被投诉人有过错；由旅游行政主管部门——质监所受理投诉。

二、旅游投诉的内容

常见的旅游投诉事件主要有以下四种。

（一）对服务态度的投诉

由于服务人员不能摆正自己与旅游者的角色关系，对旅游者的权益和自己应尽的义务不理解，未能树立起“站在旅游者角度考虑问题”的服务观，把尊重自己与尊重旅游者对立起来，容易在服务态度方面出现问题。如对待旅游者不主动、不热情；不一视同仁，厚此薄彼；对旅游者的询问不予理睬，或不负责任地敷衍；语言不文明，不注意礼貌、礼节；不尊重旅游者的习俗；欺骗旅游者，不讲职业道德，索要小费；侮辱旅游者的人格尊严，甚至动手打旅游者等，这些都会导致旅游者的投诉。

（二）对服务质量的投诉

投诉总是和服务质量的优劣成反比关系，服务质量越高，投诉越少；反之，则投诉越多。服务质量不高常与服务人员工作不负责任有关。如服务人员没有按先来后到的顺序为旅游者提供服务，忘记或搞错旅游者委托代办的事情，饭菜质量不好，清洁卫生状况差，旅游者财物被损坏，开房员开错了房间，邮件未能及时送给旅游者，行李无人帮助搬运等，都会引起旅游者的投诉。此类投诉在旅游接待任务繁忙时尤其容易发生。

（三）对设施、设备的投诉

旅游者对有关设施、设备的投诉主要包括网络、空调、照明、供水、供电、家具、电梯等设施；房间无水、物品供应不足、服务项目不全等方面。

（四）对异常事件的投诉

因无法买到车票、船票，因天气原因导致飞机不能按时起飞，或饭店客房已经订完，或旅行社被迫降低原定住宿标准等引起的投诉，都属于对异常事件的投诉。旅游企业很难控制此类投诉，但旅游者希望旅游企业能提供有效的帮助。

三、旅游者的投诉心理

旅游者投诉的内在动因主要有以下几点。

（一）求尊重的心理

旅游者作为消费者，有权利获得与其所付出价值相符的服务。引起旅游者投诉的一个主要原因就是旅游服务人员不尊重旅游者。如果旅游者得不到应有的尊重和礼遇，就会引起旅游者的反感，甚至发生口角或冲突，从而导致旅游者的投诉。对旅游者的不尊重主要表现有以下几点：

1. 接待旅游者不主动、不热情

服务人员在工作期间忙于私事，或者以公事为名，态度冷淡、爱答不理，甚至在旅游者多次打招呼后也无反应。有的服务人员以貌取人，只热情接待从衣着上判断为有身份的人，对其他人则冷淡处之。

2. 不讲究语言修养，冲撞旅游者

有的服务人员对旅游者态度生硬，言语冲撞旅游者。例如，旅游者在休息厅点了两杯咖啡，十分钟后，服务人员却送来了啤酒。旅游者告诉服务人员送错了饮品。工作人员不仅不肯道歉，却反问："这难道不是你的吗？"

3. 讽刺挖苦旅游者

有的服务人员对旅游者评头论足，挖苦旅游者。例如在商场里，一位旅游者挑选了一串珍珠饰品后，因为觉得不合意正要离去，售货员小声咕哝着："看这个寒酸样，就知道买不起！"有的服务人员甚至背后根据旅游者的口音和举止，编排各种难听的话污辱旅游者。

4. 不尊重旅游者的习俗

旅游服务人员在提供服务时，应了解旅游者的宗教信仰与民族习俗。比如，当信仰基督教的旅游者正在房间祈祷时，服务人员擅自闯入房间。再如，给法国旅游者过生日送黄菊，在日本情侣房间摆荷花，这都是不了解旅游者、不尊重旅游者民族心理的表现。

（二）求发泄的心理

旅游者的挫折主要表现为旅游者的紧张情绪和情绪反应，如失望、焦虑、愤怒或攻击等。旅游者在受到挫折后，认为自己受到了不公平的待遇，往往会感到心理失衡。这些负面情绪的积聚，会令旅游者产生烦闷、压抑的内心体验。旅游者投诉行为的实质，就是利用适当的机会宣泄怒火或烦恼，以维持心理的平衡。旅游者宣泄情绪往往会采取以下行动（如图 7-9）。

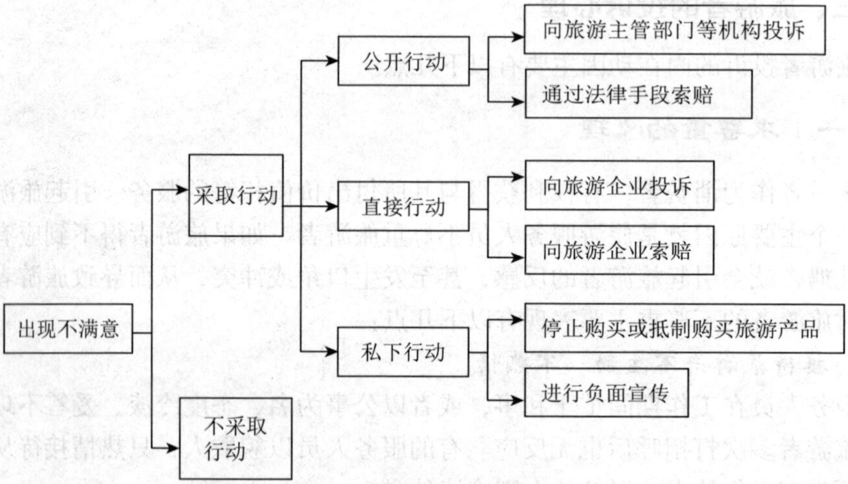

图 7-9 旅游者受挫折后的反应

（三）求补偿的心理

旅游者在遭受了一定损失而向有关部门投诉时，希望能够得到一定的补偿，这是一种普遍的心理。例如食物不洁、不熟，希望退换；行李损坏，希望尽快修好；弄脏了的衣物，希望能尽快免费干洗。还有服务的收费不合理，在结账时发现应付的款项和实际消费有出入，在旅途中或饭店内遗失物品等，旅游者都希望得到及时而合理的赔偿。由于旅游工作者的失误行为所带来的精神伤害，在法律上旅游者也有权要求物质赔偿。

（四）求保护的心理

旅游者敢于投诉是自我法律保护意识的体现，通过合法的途径投诉，既是为自己，也是为所有的消费者寻求正当利益的保护。通过投诉，使接待部门的服务质量不断提高，旅游者才能在今后的旅游中得到更优质的服务。

拓展知识

旅游投诉的类型

不同的旅游者在投诉时会有不同的心理特点和行为表现。这里主要介绍五种旅游投诉的类型。

1. 理智型投诉

这类旅游者投诉时一般不会发火，他们能够冷静、客观地指出服务的不足，并较有耐心地期待服务质量的改善。这类人大多受过良好的教育，有良好的修养。只要对他们讲清道理，及时处理，他们都能够通情达理。

2. 挑剔型投诉

这类人比较挑剔，对一般人来说过得去的服务，他们吹毛求疵。例如，有位旅游者进酒吧，竟然连换了五次杯子和三次桌位，忙得服务员对他说：“你到底坐哪儿呀？”结果招致投诉。对此类旅游者，不仅事先要仔细观察，而且要始终小心翼翼地提防，以小心、耐心加诚心来对待他们的挑剔。

3. 唠叨型投诉

这种类型的投诉大都与旅游者的性格有关。这类旅游者表现为不满意时喋喋不休，往往服务员已经在改进之中，他们也视而不见，继续唠叨不停。例如，在一家酒店，因汤和饭不熟，旅游者不满意。于是服务人员把汤和饭拿回厨房去热、去换，但是旅游者还是不歇口，服务员忍不住还了嘴，结果招来更无休止的投诉。对此类旅游者应有极强的忍耐心。

4. 悲观型投诉

这类旅游者又可以分为天生悲观型和由理智型转为悲观型两种。

天生悲观型的人总是这也不满意那也不称心。但由于他天生悲观，在一般情况下不会投诉，充其量只会嘟囔几句，或通过摇头、皱眉、耸肩等动作表现出来。服务人员要留心旅游者的动作及表情，及时补充服务。

由理智型转为悲观型的旅游者极易投诉，尤其当理智型旅游者提出合理意见时，旅游企业拖拖拉拉不及时处理甚至反唇相讥，旅游者情绪就会转化。由理智型转化为悲观型的旅游者认为服务实在糟糕、无可救药，于是提出投诉。因此，遇到此类旅游者，切忌因其语言温和而掉以轻心，等矛盾升级后再处理就难了。

5. 暴躁型投诉

此类人一有不满，不管问题大小，就以激烈的言辞和动作表现出来。站在旅游企业的立场上，这是小题大做；但站在旅游者的立场上，他确实是感到无法忍受。人的性格、容忍度各异。服务人员应对事不对人，不计较个人态度，而应着眼于解决问题。若在态度上纠缠，问题仍然没有解决，旅游者反而更加恼怒，变本加厉。反之，不计较其态度，容易使这类旅游者向理智型转化。

四、旅游投诉的处理

对于旅游者的投诉，旅游企业一定要重视，否则，会给企业带来很大的声誉损失和经济损失。同时，处理投诉还要遵循一定的原则，讲究一定的策略，符合一定的程序。

（一）处理旅游投诉的原则

1. 倾听性原则

一般情况下，旅游者投诉是因他们受到了不公平的待遇，或者受了委屈，有时情绪会非常激动。这时候一定要做好一个倾听者，要尽量对他的遭遇表示同情或者关心，让他们尽量将自己的情绪发泄出来，在倾听过程中不要总是试图打断他们的控诉，或者急于解释，而应等他们发泄完再进行解释。

2. 不争辩原则

当旅游者进行投诉时，切忌与之争辩。如果总是打断旅游者的投诉，旅游者会感觉自己的投诉没受重视，或者说感觉旅游企业认为该旅游者是在无理取闹，其情绪会更加激动，甚至冲突进一步升级。要尽量对旅游者表示同情，然后弄清楚事情真相，给旅游者一个满意的答复。

3. 隐蔽性原则

当旅游者投诉时，情绪比较激动，声音会比较高，这很可能会影响其他旅游者对服务人员的态度，进而影响旅游企业在旅游者心目中的形象。这时最好的办法就是请旅游者到比较隐蔽的地方，比如办公室等，请旅游者坐下来慢慢控诉。

千万不要因旅游者激动、工作人员也很激动，而影响了正常的工作秩序。

4. **及时性原则**

当旅游者投诉后，要尽快地找到当事人，了解清楚事情的来龙去脉，第一时间给旅游者一个满意的答复。如果旅游者投诉了，过了很长时间也没有动静，旅游者会觉得没有受到旅游企业的重视，致使他们的情绪更加激动。这不仅严重影响旅游企业在旅游者心目中的形象，还可能使旅游者向周围的亲人、朋友做不利于旅游企业的宣传。所以，要对旅游投诉及时处理。

5. **补偿性原则**

旅游者受到不公平的待遇后，情绪会受到严重影响，对旅游企业的信任也会出现危机。这时候，旅游者一般都有这样的想法："下次我再也不来这里了。"为了扭转旅游者的认识，旅游企业必须对旅游者之前所受到的待遇加以弥补，尽量减少旅游者的流失。比如给旅游者的付费打折，赠送小礼品等。

（二）处理旅游投诉的策略

妥善处理旅游投诉，不仅能化解旅游者的不满，还会给旅游者留下良好的印象。这既有利于旅游企业树立良好形象，也是旅游企业吸引客源的重要方法。处理旅游投诉可以采取以下策略。

1. **礼貌接待，耐心倾听**

旅游者投诉时，一般会直接找有关负责人进行直接投诉，这时不管旅游者投诉的问题是大还是小，投诉的对象是谁，工作人员都应该采取积极态度给旅游者以足够的重视，诚恳和仔细地倾听。条件许可的话，可以为旅游者倒茶水，请他们坐下，让交谈变得轻松。不管旅游者当时的脾气有多大、态度有多差、言辞有多激烈，工作人员都要有耐心，冷静、克制，让旅游者把话说完。要让旅游者把怨愤都发泄出来，不要做辩解和反驳，以维护旅游者的自尊心。往往投诉的旅游者把话说完，气也就消了一大半，然后再解决问题就容易多了。

2. **表示尊重，表达歉意**

无论真相如何，发生投诉，就意味着我们的服务还存在缺陷，并给旅游者带来了不便与烦恼，他们发牢骚、投诉，是因为他们关心企业，对企业仍然是信任的，是因为他们确实遇到了问题和麻烦，确实需要我们的帮助，而他们的投诉有助于我们改进工作。学会站在投诉者的立场考虑问题，以诚恳的态度向他们表示理解、尊重和歉意。有时，还可以请职位高的经理或主管来向旅游者道歉，以示重视。

另外，当旅游者在述说委屈时，工作人员应拿出纸和笔，做一些必要的记录，并想办法让旅游者叙述得具体些，做完记录后，请旅游者在记录上签字，便于以后核实。这既是对旅游者投诉给予足够的重视和尊重，同时也是处理投诉的重要依据。

3. 弄清真相，诚恳道歉

正确处理投诉是旅游管理人员和旅游服务人员义不容辞的责任。当接到投诉后，要尽快核实情况，对旅游者的投诉进行思考和分析，抓住旅游者申诉的核心，判断旅游者所投诉的服务缺陷是否确实存在。如果确实存在，应采取积极态度，立即道歉，在征得旅游者同意的前提下作出恰当处理。如果不征求旅游者的意见，或处理方式不符合旅游者的要求，会使旅游者加重不满情绪。对于一些复杂的或一时查不清真相的投诉，不要急于表达处理意见，更不能随便承诺，而应立即与有关部门或相关领导联系后再作答复，并让旅游者知道事情的进展，即使在事后处理的投诉，也应通过书面等正式形式告知投诉的旅游者。

若由于导游出错给旅游者带来伤害和损失，该导游首先要端正态度，及时而又认真地向旅游者道歉，勇于检讨自己在言行方面的失误和过错。态度要和气，言辞上要使用敬语。其次，在行动上既可微笑地鞠躬、敬礼，也可以写一张字条、赠送一束鲜花等。值得注意的是，导游向旅游者表示道歉的尺度，同时也要分清自己错误的大小、性质以及产生后果的程度，把握好道歉与表示遗憾的实质区别。若是旅游者投诉无理，导游也应本着“有则改之，无则加勉”的态度，一如既往地为旅游者热诚服务。

4. 吸取教训，完善服务

旅游企业员工必须认识到，没有一个旅游者愿意投诉，应把旅游者的投诉视为一次改善服务、留住旅游者的机会，必须尽力保证投诉的旅游者得到安抚，重新赢得旅游者对旅游企业的信心。问题解决后，要再与旅游者联系，欢迎其再提宝贵意见。定期了解旅游者对投诉处理工作的反映，及时总结工作中的疏漏和不足，并整理成书面意见，呈报总经理或相关部门，以便引起重视，帮助企业不断改进服务工作，完善管理制度。

（三）处理旅游投诉的程序

要想处理好旅游者的投诉，使旅游者能够将自己的怒气转化为对企业的重新认同，旅游企业除了要重视遵循一定的原则和策略外，还要按照既定的程序去处理旅游投诉，这样才会起到良好的效果。

1. 要耐心、认真地倾听投诉人的叙述

前面已经对这一点进行了详细的阐述，在此不作赘述。

2. 要立即向旅游者认错、道歉

不管在什么情况下，当旅游者投诉时，都应该虚心接受，表示歉意。如果是本企业的问题，即使接待的服务人员可能与投诉产生的原因毫无关系，也要立即向旅游者认错，代表旅行社或饭店表示歉意；感谢旅游者对本企业的关心，诚恳接受批评；不推卸责任，然后对产生问题的原因作进一步说明。

3. **要对旅游者表示安慰和同情**

前来投诉的旅游者一般总觉得自己是带着一颗“受伤的心灵”，把接待者当作救世主，来要求主持公道的。如果去触撞“受伤的心灵”，一定会遇到强烈的反应。

4. **客观地确定事实真相，找到解决问题的办法**

当旅游者投诉时，投诉受理者最好把事实经过、原委记录在案，并进行调查核实，以便客观地确定事实真相，及时采取补救或补偿措施。如果问题比较复杂，一时弄不清真相，不要急于表达处理意见，给旅游者订立解决问题的程序和时间，而且一定要履行承诺，并督促、检查，全力协调解决问题。

5. **主动与旅游者联系，反馈解决问题的进程及结果**

要把解决问题的方法、步骤和最后结果用书信、便条或电话通知有关旅游者，要确保诺言的兑现，并进行追踪，确定旅游者是否真正对事情的处理结果表示满意。

6. **记录全部过程并存档**

将处理旅游投诉的整个过程写成报告，存档保留。

7. **统计分析**

处理完投诉后，旅游服务人员、尤其是管理人员应当对投诉产生的原因及后果进行反思和总结，并进行深入的、有针对性的分析，定期进行统计。一方面，可以从中发现典型问题产生的原因，以便尽快采取相应措施，不断改进，提高服务水平；另一方面，可以将之作为旅游企业内部奖惩制度的一个重要依据。

五、正确处理旅游投诉的意义

如今，旅游投诉已经成为旅游者进行自我保护的一种有效手段。正确处理投诉是旅游企业的一门重要必修课。

（一）有利于发现旅游服务工作中的疏漏与不足

旅游者投诉是对服务和管理水平评价的形式之一。就其实质而言，旅游者投诉是其对旅游企业的关心，对企业寄予厚望的表现。从旅游者的投诉中，我们可以了解管理和服务中存在的实际问题，发现服务工作的弱点、漏洞和不足，特别是发现一些带有倾向性的问题，以便有针对性地采取措施，确定某一阶段、某一时期服务质量管理的方向或重点，改进服务工作，提供高质量、高效率的旅游服务。

（二）有利于加强旅游者与旅游企业之间的感情联系

有的旅游者对旅游服务工作有意见，他们不是直接表现出来，而是采取某种形式的私下活动，这种做法会使旅游者不仅决定再也不同这家企业打交道，还会告诫亲朋好友也不要再来该企业。如果我们能听到他们的意见，沟通思想，消除误解，并帮助旅游者解决实际问题，满足旅游者的正当需要，就会加强旅游者同企业之间的感情联系，避免某些旅游者为企业作无形的“反宣传”。

（三）有利于增加客源，提高旅游企业的声誉和经济效益

由于旅游者投诉多在公共场所或服务现场发生，若处理不当，不但会进一步激化旅游者的情绪，还会引起其他旅游者的注意和围观，给企业的形象和声誉带来极坏的影响。若能妥善处理，使一个满腹牢骚的旅游者最终满意离去，带走的是一种良好印象，而不是埋怨和不满，就能提高饭店声誉，影响潜在客源，增加回头客，提高企业的经济效益。现在的服务行业流行这样一句话：“如果您对我们不满意，请告诉我们；如果您对我们满意，请告诉您的朋友们。”即是对此最好的解释。

旅游者的投诉，可能直接向导游提出，也可能向旅行社提出，严重时则可能向旅游行政管理部门或消费者协会提出。无论旅游者通过哪种渠道投诉，我们都要高度重视。正确认识并及时处理旅游者的投诉，对保障旅游者的利益、提高旅游服务质量，以及提升旅游企业形象都具有极为重要的意义。

案例分享

希尔顿饭店首任总经理的故事

这是发生在美国的一个真实故事。一个风雨交加的夜晚，一对老夫妇走进一间宾馆的大厅，想要住宿一晚。无奈饭店的夜班服务生说：十分抱歉，今天的房间已经被早上来开会的团体订满了。若是在平常没有空房的情况下，我会介绍二位到我们的连锁旅馆，可是我无法想象你们要再一次地置身于风雨中，你们何不待在我的房间呢？它虽然不是豪华的套房，但还是蛮干净的，因为我必须值班，我可以待在办公室休息。这位年轻人很诚恳地提出这个建议。老夫妇大方地接受了他的建议，并对因此造成的不便致歉。

隔天雨过天晴，老先生要前去结账时，柜台仍是昨晚的这位服务生，这位服务生依然亲切地表示：“昨天您住的房间并不是饭店的客房，所以我们不会收您

的钱，也希望您与夫人昨晚睡得安稳！”老先生点头称赞：“你是每个宾馆老板梦寐以求的员工，或许改天我可以帮你盖栋宾馆。”

几年后，这位服务生收到一位先生寄来的挂号信，信中说了那个风雨之夜所发生的事，另外还附一张邀请函和一张纽约的往返机票，邀请他到纽约一游。在抵达曼哈顿几天后，服务生在第5街及34街的路口遇到了这位当年的旅客，这个路口正矗立着一栋华丽的新大楼，老先生说：“这是我为你盖的旅馆，希望你来为我经营，记得吗？”这位服务生惊奇万分，突然变得结结巴巴：“你是不是有什么条件？你为什么选择我呢？你到底是谁？”“我的姓名叫威廉·阿斯特，我没有任何条件，我说过，你正是我梦寐以求的员工。”

这旅馆就是纽约最知名的希尔顿饭店，这家饭店在1931年启用，当时能在这家酒店入住是身份和地位的象征，也是各国达官贵人来纽约下榻的首选。当时接下这份工作的服务生就是乔治·波特，希尔顿酒店的首任总经理。

分析：试问如果当天晚上是另外一位服务生当班，会有一样的结果吗？在服务中，我们每天都会与不同的人打交道，不要轻视任何一个人。乔治·波特正是站在客人角度，用心服务，热情为雨中老夫妇解决住宿难题，给别人提供一次便利，也为自己创造了一次良机。

思考与练习

一、填空题

1. 旅游活动顺利开展的前提条件是________。

2. 旅游者在购物时有________、________、________、________、________、________的心理。

3. 旅游者投诉主要是出于________、________、________、________的原因。

4. 处理旅游投诉的原则包括________、________、________、________和补偿性原则。

二、选择题

1. 下列不属于非言语沟通的是（　　）。

A. 身体动作　　B. 礼貌服务用语　　C. 面部表情　　D. 穿着打扮

2. 旅游者投诉的类型主要有（　　）。

A. 理智型投诉　　B. 挑剔型投诉　　C. 唠叨型投诉　　D. 悲观型投诉

E. 暴躁型投诉

3. 旅游投诉的主要内容有（　　）。

A. 对服务态度的投诉　　B. 对服务质量的投诉

C. 对设施、设备的投诉　　D. 对异常事件的投诉

三、判断题

1. 旅游者在遭遇不公平待遇时，就会采取抱怨、索赔、诉讼等公开行动发泄情绪。（　　）

2. 为客人提供优质服务是减少旅游投诉的根本办法。这里的优质服务既包括功能服务，也包括心理服务。（　　）

3. 旅游投诉一般包括口头投诉和书面投诉。（　　）

四、问答题

1. 怎样做好客房服务工作？

2. 旅游者在游览各阶段的心理需求是什么？作为一名导游应采取什么服务策略？

3. 怎样做好餐厅服务工作？

4. 处理旅游投诉应遵循怎样的程序？

5. 正确处理旅游投诉有什么重要意义？

项目八　谈谈旅游服务中的人际关系

学习目标

1. 了解人际关系及其构成、分类及功能；
2. 掌握旅游服务中客我交往的特点及沟通方式；
3. 掌握旅游人际交往的原则。

项目分析

“世事洞明皆学问，人情练达即文章”，这是我国古代诗人对人际关系重要性的真实描述。而旅游服务这种与人打交道的工作，恰恰是通过人际交往来实现的。旅游服务中主要的人际交往是客我交往，它是旅游服务的先决条件和存在方式。要实现优质服务，就需要服务人员根据不同客人的情况，采取相应的服务行为，满足他们的需要，使双方交往产生良好的结果。本项目针对旅游服务中的人际关系涉及的相关问题进行探讨。

任务一　了解旅游服务中的人际交往

☞ 情境设计

李红早就和同学们约好了周末聚一聚，同学见面互诉衷肠。同学张强在酒店实习，遇到了这样一件事：一天，张强正在酒店门口做迎宾。忽然看见3位喝得东倒西歪的客人摇摇晃晃地走过来，其中一位客人非常不客气地对他说：“小子，过来扶我一把！”听到客人这么不礼貌的说话，张强非常不情愿地过来搀扶客人。这位客人一把抓住张强，身体的大部分重量压在他身上。身体的重量、浑身的酒气、用力的抓握和不礼貌的言辞让张强很不高兴，但他依然礼貌地用尽力气支撑着客人到了电梯门口。帮客人按下电梯后，就要离开。谁知客人牢牢地抓住他不让他离开，并骂道：“你不把我送到房间，我就告诉你们总经理让你滚蛋！”张强努力挣脱客人后，礼貌地说：

"对不起，我马上要去站岗，岗位不能缺少人。"张强转身就回到自己的岗位。客人大怒，继续骂骂咧咧，好在电梯门打开，客人不得不和同伴进入电梯。一起纷争就这样结束了。实习的同学都有同感："一是现在客人越来越难伺候，太不尊重人；二是自己有值岗任务，不能离开岗位。所以，张强这么做是正确的，错就错在客人无礼。"

根据以上情境，完成下列任务：

1. 你认为张强的做法正确吗？

2. 我们应该如何处理客我之间的关系呢？

☞ 任务分析

旅游服务主要是通过旅游从业者与客人的交往来实现的，这其中还涉及旅游从业者之间、客人之间的交往，所以旅游服务过程中的人际交往是频繁、复杂的，如果不能认识到人际关系的重要性，妥善处理各种各样的人际交往，是无法胜任本职工作的。

斯坦福研究中心的一份调查报告结论指出：一个人赚的钱，12.5% 来自知识，87.5% 来自关系；戴尔·卡耐基也认为，一个人取得成功，15% 靠专业技能，85% 取决于人际关系，由此可见人际交往的重要性。

一、人际关系概述

（一）人际关系及其构成

人际关系是指社会活动中人与人之间的心理关系、心理距离。这种关系会对人们的心理产生影响，并在人的心理上形成某种距离感。人际关系对于人们的日常生活、各种社会活动都是不可或缺的。

人际关系的形成受认知、情感、行为三方面心理因素的影响。

1. 认知因素

认知因素，指人与人之间是相互肯定还是相互否定，以认识上的一致为相互选择的标准。认知因素是人际知觉的结果，它是对个体人际关系状况的了解，也是人际关系建立的前提和基础。

2. 情感因素

情感因素是以各种情绪、情感体验为特征，如喜爱与厌恶、尊重与鄙视等。人际关系状况的情感体验是影响人际关系状况的决定性因素，因此，情感是人际关系的核心要素。

3. 行为因素

行为因素，是指具体的人际交往行为。人际关系的建立要以各种交际行为为基础，人们在交往中必须借助各种沟通方式来传递信息，这就少不了各种沟通手段的应用，如语言、表情、手势、身体姿态等行为。这些行为既是建立人际关系的条件，也是反映人际关系状况的重要依据。

上述三种成分共同构成了错综复杂的人际关系状态。情感是在认知的基础上产生的，认知能唤起情感的发生，也能控制和改变情感的发展，情感又会影响和改变认知，而认知和情感的因素都要通过行为表现出来。在这三方面因素中，如果是正式群体，则行为因素起主导作用，调节人际关系；如果是非正式群体，则情感因素起主导作用，制约着人际关系的亲疏程度、深浅程度及稳定持久程度。

人际关系的产生基于人们都具有良好人际关系的需求。从心理需要来讲，任何人都不愿意，并且无法忍受完全脱离他人而处于孤立和孤独的状态；从活动的进行与完成来讲，任何实践活动都不可能离开别人的协作而单独进行和完成。因此，人人都需要别人，人人都有获取良好人际关系的需求。

拓展知识

服务人员与游客交往的形式

相互作用分析理论认为，人们在相互交往中，心理状态可以表现出三种，即家长型、幼儿型和成人型。在旅游服务中，服务人员与游客的交往行为表现为平行性交往和交叉性交往。

1. 平行性交往

这种交往是平行的，双方都以对方所期待的心理状态做出反应，交往双方的行为符合对方的心理需求，交往双方情绪愉快，关系融洽，交往能够顺利进行下去。平行性交往是旅游服务中应该提倡的，主要表现以下几种形式，见表 8–1。

表 8–1 平行性交往

交往类型	游客的心理状态	服务人员的心理状态	举例
成人型对成人型交往	成人型的提议式和道歉式	成人型的赞同式（或反对式）和道歉式	一位游客在商场对销售员说：“请把那条丝巾拿给我看看。”销售员说：“请稍等，马上给您拿”
	成人型的询问式和道歉式	成人型的回答式和道歉式	一位游客问导游：“请问明天我们几点出发？”导游说：“早上八点”

续表

交往类型	游客的心理状态	服务人员的心理状态	举例
家长型对幼儿型交往	家长型的命令式	幼儿型的服从式	一位游客对导游说："我晕车，要坐前面。"导游说："好"
幼儿型对家长型交往	幼儿型的自然式	家长型的慈爱式	一位女游客在爬山时，紧张地对导游说："我好害怕，不想爬了！"导游安慰她说："别害怕，我帮您"

2. 交叉性交往

这种交往出现了交叉，双方做出的反应与对方期待的心理状态不符，交往发生了困难，导致彼此出现了冲突，甚至中断，交往双方情绪不愉快，关系紧张。交叉性交往是在服务中应该避免出现的。它主要包括以下几种形式，见表 8–2。

表 8–2　交叉性交往

交往类型	游客的心理状态	服务人员的心理状态	举例
成人型与家长型交叉	成人型的提议式和道歉式	家长型的命令式	一位游客说："请带我们去参观省博物院吧。"导游说："你自己去"
家长型与家长型交叉	家长型的命令式	家长型的命令式	一位游客说："再给我们加个菜！"导游说："不能加"
成人型与幼儿型交叉	成人型的提议式和道歉式	幼儿型的自然式	一位游客说："请把那条项链给我看看。"售货员说："很贵的，你能买得起吗"
幼儿型与幼儿型交叉	幼儿型的自然式	幼儿型的自然式	一位游客抱怨："这菜也太难吃了！"导游说："花这么多钱，只能吃这个了"

（资料来源：李长秋 . 旅游服务心理［M］. 北京：高等教育出版社，2015（9）.）

（二）人际关系的分类

以交往媒介为指标，将人际关系划分为四种类型：

1. 血缘人际关系

这是因血缘联系和姻亲联系结成的人际关系。这种人际关系以家庭为中心，成员间的交往构成一个血缘关系网和若干家庭交叉形成的亲缘关系网，如祖孙、夫妻、婆媳、叔侄、妯娌等。血缘人际关系是人际关系中最直接、最普遍的关系。

2. 地缘人际关系

这是由生活、活动于共同空间地理环境的人们形成的关系。常常以社会、历史和文化为背景，使人际关系带有文化传统、心理纽带和乡土色彩。如同胞、同乡、邻居等。

3. 趣缘人际关系

这指人们在社会生活中因情趣相投而建立起来的人际关系。趣缘人际关系建立在共同的兴趣、爱好基础上，以人们之间的情感、趣味为媒介，如棋友、舞伴等。

4. 业缘人际关系

这是由共同的事业或志趣联结而成的人际关系。它打破了血缘人际关系和地缘人际关系的界限，以事业和志趣为纽带。如师生、同事等以职业、行业、专业、事业为媒介建立的关系。旅游服务中的人际关系就属于这个范畴。

（三）人际关系的功能

人际关系是人们运用语言和表情传达思想、交换意见、表达情感和需要的沟通过程，是人们认识社会、了解他人和自己、协调关系，以更好地适应环境的重要途径。人际关系的功能主要表现在以下几方面。

1. 信息沟通

人们在交往中可以通过信息的沟通，了解社会行为规范，了解各种不同社会角色的行为标准，以便在各种社会活动中与其他社会成员在行为上保持和谐一致。英国戏剧家萧伯纳曾说："如果你有一个苹果，我有一个苹果，彼此交换，每个人还是一个苹果；如果你有一个思想，我有一个思想，彼此交换，每个人就有两个甚至多于两个的思想。"通过交往可以增加对别人的了解和信息的传递，有利于与他人建立和谐友好的关系。心理学家认为，一个人除了 8 小时睡眠以外，其余时间 70% 要花在人际间各种直接或间接的沟通上。

2. 心理保健

每个人都有人际关系的需求，这种需求的满足是保持心理平衡、保证身心健康的重要条件。人有合群的需要，不愿意孤立、独处。医学心理学的研究表明，孤独的人会变得精神忧郁、变态，其寿命比乐观、开朗、爱交往的人短。人们通过彼此的互相交往，述说各自的喜怒哀乐，增进相互间的思想感情，产生一种亲密感甚至依恋之情，尤其是当人们处于危机、孤独、焦虑的情况下，特别需要与人交往，能够彼此影响，增强自信。因此，人际交往对人的身心健康来说，也是十分重要的。

3. 相互作用

人际间行为的相互影响，这种链式关系是有序的，呈现出一定的规律性。例如：一方的友好行为，会促发另一方同等的友好行为；一方的支配行为，会促发另一方的顺从行为，但当一方的支配行为表现过分时，也会导致另一方的反抗行为；一方的顺从行为，常会促发另一方的友好行为，但当一方表现出过分顺从行为时，容易导致另一方的支配行为；一方的攻击行为，会导致另一方的反抗行为或自卑反应。

二、旅游服务中的人际关系

旅游服务过程中的人际交往大致可分为三种类型：一种是服务人员与客人之间的交往，称为“客我交往”；第二种是客人之间的相互交往；第三种是服务人员之间的交往。

客我交往是人际关系的一种，是客人与旅游服务人员在旅游工作中产生的关系，特指旅游服务人员与客人之间为了解决在旅游活动中遇到的问题而相互沟通、交流情感、表达意愿，在相互施加影响的过程中建立的人际关系。“客我关系”是旅游服务存在的先决条件，也是旅游服务的基础。

（一）旅游服务中客我交往的特点

在旅游服务过程中，客我交往属于服务与被服务的关系，它区别于日常生活中的一般交往形式，其特性主要表现为以下几方面。

1. 交往的短暂性

旅游服务过程中的客我关系，主要是指客人与旅游服务人员之间的关系，由于双方在相互关系中所处的地位不同，因而具有不同的心理特征。客人在旅游目的地的逗留时间一般较短，与服务员的接触时间有限，很多时候是一次性交往，因而双方的交往是短暂的、不深刻的。这就更需要旅游服务人员借助敏锐的观察与丰富的经验，迅速地对客人需求作出判断，缩短客我之间的陌生感，热情为客人做好服务。

2. 角色的不对等性

服务行业的性质决定了企业性质是用优质服务的产品换取客人的肯定与满意、以周到的服务吸引客人，常常是“客人坐着，员工站着；客人吃着，员工看着；客人享受着，员工劳动着”。这种基于工作性质的客我关系，如果旅游服务人员不能正确认识，就容易产生不平等的心理感受，而对客人表现冷漠或没有耐心。

3. 交往的公务性

交往的公务性，是指客我交往的内容与方式只涉及旅游服务消费的范畴，不涉及个人隐私。在一般情况下，旅游服务人员与客人的接触只限于客人需要服务的时间和地点。客我之间的接触只局限于公务，旅游服务人员在热情、亲切、友好的服务接待过程中，应当对客人的隐私与个人嗜好给予充分尊重。

4. **服务的双重性**

从心理学角度来看，可以把服务视为一种特殊的人际交往。服务发生于人际交往中，是通过人际交往来实现的。当然，服务与一般的人际交往有所不同，在旅游服务中，交往双方扮演的社会角色不同，一方是提供服务者，而另一方是接受服务者。客人不仅期待旅游服务人员帮助他们解决种种实际问题，还期待旅游服务人员成为他们的“知心人”，帮助他们消除种种不愉快的感受，获得愉快的感受，留下可以“长期享用”的美好记忆。所以，旅游服务人员一方面要为客人提供优质的功能服务，另一方面还要为客人提供优质的心理服务。这就是旅游服务所包含的双重性。

总而言之，实现优质服务，就是既要为客人解决种种实际问题，又能让客人得到心理满足。功能服务的质量，往往受到旅游企业所具有的种种物质条件的制约，同时也取决于旅游服务人员所具有的知识和技能；而心理服务的质量，则主要取决于服务人员是否有爱心和热忱，是否善解人意。

（二）旅游服务中的客我沟通方式

在旅游服务过程中，良好的客我沟通方式既可以使信息有效地传递，也可以消除疑虑或隔阂，并能促进相互了解、增进友谊和情感。根据沟通所借用的媒介不同，可划分为语言沟通与非语言沟通。

1. **语言沟通**

语言沟通是客我沟通的主要形式，指人们在社会交往中凭借口头语言传递信息、交流思想、感情的过程。语言也是信息传播最有效、最便捷的媒介。在旅游服务过程中，旅游服务人员从基本的礼貌服务用语“欢迎光临”“您好”“请”“谢谢”“再见”到回答旅游者的询问、介绍服务产品、处理服务过程中的各种需求，语言沟通伴随旅游服务的全过程。所以，在谈话过程中要注意语言运用是否适宜，采用的问话方式和沟通技巧是否恰当，这对沟通的效果会产生很大的影响。

2. **非语言沟通**

非语言沟通是指通过非语言文字符号进行信息交流的一种沟通方式。它不仅包括仪表、服饰、动作、神情，还包括目光、发型、肌肤、体态、音质、音色等非语言信息作为沟通媒介进行的信息传递。非语言沟通尽管没有直接表述，但能在客我之间传递非常丰富的信息，是客我之间语言沟通的有效补充。

语言沟通简明扼要，同时能产生互动、具有感染力、不易产生误解。但是，有时客人习惯性地从语言表达中揣测“言外之意、话外之音”。非语言沟通则存在信息传递不对称、易失真、易产生误解等缺点。一般情况下，语言沟通和非语言沟通缺一不可，两者的有效结合使表达的语义更为丰富。在旅游服务过程中，服务人员要善于观察客人，才能做到“知其行”，并“知其言”，理解客人的真正意图，促进客我之间交流的良性循环。

拓展知识

交往距离

人与人之间存在着一种看不见、摸不着，但心理能感受到的个人空间上的界限。人际交往只有在这个空间允许的限度内才会显得自然。否则，一旦冲破这个限度，就会使交往双方或某一方感到不自在或不安全，而作出本能的反应。因此，在交往中要注意与交往对象保持一定的距离，双方间的交往距离直接反映出交往双方关系的密切程度。旅游服务人员与宾客工作交往时的空间距离标准如表 8–3。

表 8–3　旅游服务人员与宾客工作交往时的空间距离标准

空间距离	距离	使用服务场所
服务距离	0.5~1.5 米	直接为客人服务
引导距离	右侧前方 1.5 米	为宾客带路、领位时
展示距离	1~3 米	向客人展示商品时
待命距离	3 米左右	客人未传唤服务时，与对方保持距离
信任距离	3 米以外	主宾客浏览、斟酌、选择或体验时；但不躲在一边，不一去不返
禁止距离	不能小于 0.5 米	员工在工作岗位上与宾客间的距离

任务二　掌握旅游人际交往的原则

☞ 情境设计

李红和同学在聚会的时候聊起各自的经历，张娜在酒店前台实习期间遇到这样一件事情：一天上午，一位广东口音的客人和他的朋友来到前台办理入住，张娜热情地接待了他，并迅速制作了一间房的房卡，递给客人。客人疑惑不解地问："我们要住两间房间，为何只有一间。"此时大堂值班经理经过。值班经理通过了解，发现客人在开房时，总台值班在询问房间数时，双方语言表达产生了误会（粤语的"2"的发音与普通话的"1"的发音较相似），实际上客人要了两间房，但是总台值班错开了一间房。

根据以上情境，完成下列任务：

1. 如果你是张娜，你会怎么做？

2. 遇到这样的事情，应该如何处理？

☞ **任务分析**

旅游服务是客我双方一个动态的过程，服务人员通过各种设施、方法和热情好客的种种表现，为旅游者提供各种服务，创造一种和谐气氛，产生精神的心理效应，从而触动游客的感情，唤起旅游者的心理共鸣。

旅游业是"出售服务"的行业，旅游者是"花钱买经历"的消费者，旅游者能否买到优质的旅游服务产品，并享有一个轻松、愉快的旅游经历，这一切都取决于旅游服务人员与旅游者的交往是否轻松、愉快。作为旅游服务人员，如果掌握了人际交往的原则，不但能够促进旅游服务质量的提高，而且在人际交往中可以得到一定的满足感。反之，如果人际关系处理得不好，不仅对工作不利，而且会给自己带来无穷无尽的烦恼。

一、客人至上，用心服务

意识决定态度，态度决定一切。有什么样的思想，就有什么样的工作态度。对于旅游服务人员来说，"客人就是上帝，服务从心开始"，这不仅仅是一句简单的口号，更需要旅游服务人员具备良好的服务意识，这种意识需要时时刻刻在服务工作中体现出来。

在服务性行业，良好的服务意识体现在旅游服务人员与客人面对面的服务过程中，客人的要求体现在服务的各个环节。只有以客人为中心，永远把客人放在第一位，才能随时发现客人的需要，客人需要什么样的服务，我们就提供什么样的服务。这就要求服务人员在工作中，不仅要做好分内事，细心观察，还要站在客人的立场，用真心行动来创造感动。

拓展知识

丽思－卡尔顿酒店黄金标准

丽思－卡尔顿酒店（Ritz–Carlton），以精益求精、品质高贵和杰出的服务被称为“全世界的屋顶”，优质的服务集中反映在其黄金牌标准方面。

信条：我们的最高使命是令丽思－卡尔顿成为一个让宾客获得真诚关怀和舒适款待的地方。

座右铭：“We Are Ladies and Gentlemen Serving Ladies and Gentlemen.”（我们以绅士淑女的态度为绅士淑女们忠诚服务）

三步服务：热情真诚地问候客人；亲切地称呼客人的姓名。提前预期每位客人的需求并积极满足。亲切送别，亲切称呼客人姓名并告别。

员工承诺：在丽思－卡尔顿，我们的绅士淑女们是对客服务承诺中最重要的资源。通过实践信任、诚实、尊重、正直和承诺的原则，我们培养并充分发挥员工的天赋以达到个人和公司的互利。丽思－卡尔顿致力于创造一个尊重多元化、提高生活质量，实现个人抱负及巩固“丽思－卡尔顿成功秘诀”的工作环境。

二、平等待客，一视同仁

从心理学角度来看，人与人之间的平等主要是指相互尊重。从这方面看，每位旅游服务人员都应自觉地尊重客人，主动、热情地去满足客人合理的要求，把令人满意的服务提供给每位客人，在提供服务时，摒弃“看人下菜碟”的旧习气，禁止以貌取人和以职取人。

服务人员与客人扮演着不同的社会角色，客人作为消费者，有权利要求服务人员为自己提供服务，只要客人的要求是合理的、正当的，作为服务人员都要尽力满足。

三、个性服务，满足需要

要为客人提供优质的服务，旅游服务人员必须充分了解客人的心态，理解客人，并努力超越客人的期望，提供个性化、细微化的服务，满足客人合理、正当的需要。

（一）人性化服务

个性化服务，就是以客人合理、正当的需求为中心，在满足客人共性需求的基础上，针对客人的个性特点和特殊需求，主动、积极地为客人提供特殊的服务，对客人采取“量体裁衣”定制式的服务。个性化服务不仅能带给客人惊喜和快乐，而且有助于饭店提高客人回头率，增强饭店的竞争力。

（二）细微化服务

优质服务的关键是细节，体现的也是细节，最受客人欢迎的还是细节。把每一项标准化的服务细致到极致，越细越好，因为细致就代表着卓越，全部细节都要体现以客为尊的思想。曾有一家酒店硬性规定每个部门每月必须有 1~3 个服务细节出台，看似强硬的做法，却能够既强化部门和员工的细节意识，同时又提高酒店整体服务水平。正是细节服务落实到为客人服务的行动上，极大地提高了客人对酒店的评价，在酒店竞争白热化的今天，提高细节服务的能力已经成为确立酒店服务特色和衡量酒店竞争力的重要因素。

拓展知识

旅游活动中的情感化的超常服务和超前服务

旅游者是具有丰富感情的人，优质的旅游服务除了为客人解决各种实际问题外，更要提供情感化的服务，让客人得到心理上的满足，给客人以“满意加惊喜”。情感化服务的质量主要取决于旅游工作者是否具有爱心、满腔热忱、善解人意和具有一定的表现能力。超常服务不同于一般服务，也可称为细微服务，就是用超出常规的方式满足客人偶然的、个别的、特殊的需求。旅游服务人员应针对每一位客人的特殊需要，客人的特殊需要有时是主动提出或暗示性的，在不违背原则的前提下，满足客人“超常服务”的要求。“超常服务”若是由旅游服务人员主动提供的，将会极大地感动客人，从而赢得满意的评价。客人本人并没有提出特殊要求，但他有这方面的需要，这就需要旅游服务人员用心发现，然后提供特别关照。

超前服务即主动服务，就是服务于客人提出要求之前。旅游服务人员事前考虑周到，能预测将会发生什么情况，制订较周到的行动方案，可避免服务的简单化和机械化。这就要求旅游服务人员要站在客人的角度去思考问题，设身处地揣摩客人需要什么样的服务，根据不同类型的客人，在不同场合、时间提供不一样的服务，在客人尚未发出“请为我提供服务”的信号时，就能察言观色，了解到客人的需要。主动服务能体现对客人由衷的尊敬，会让客人倍感亲切、自豪，使服务更具人情味。

（资料来源：马宏宇 . 论旅游服务客我交往的“双胜”[J]. 文化学刊，2013（3）.）

四、语言艺术，巧妙应对

（一）正确使用职业化用语

语言是人际交流与沟通的重要手段，且是表达思想情感的重要媒介，同时是人们交际、沟通的桥梁和纽带。俗话说："良言一句三冬暖，恶语伤人六月寒。"尤其在旅游服务中，正确的职业化用语不仅能对客人表示友好和尊敬，还能使交流双方心理认同，给对方一种满足或愉悦感，使双方心灵相近。因此，在旅游服务工作中，尽量要"投其所好""顺着客人说"，要选择对方感兴趣的话题，避免让对方尴尬，绝不能涉及个人隐私或进行人身攻击。

（二）善于运用"无声语言"

在客我交往中，旅游服务人员不仅要善于运用"有声语言"，而且要善于运用"无声语言"（体态语言），做到"有声语言"与"无声语言"相互补充，配合得当。体态语言是内心情感的体现，也是人性的镜子。心理学家指出，交际双方的相互理解，动作表情占 55%，言语表情占 38%，语言内容仅占 7%，可见体态语言的重要性。

拓展知识

微笑的力量

希尔顿饭店集团是世界上规模最大的旅游饭店之一。其成功秘诀中最重要的一条，就是服务人员"微笑的影响力"，希尔顿饭店的微笑服务饮誉全球。已故的希尔顿集团公司董事长康纳·希尔顿年轻时接受其母亲的忠告，找到了一种简单易行、不花本钱、行之持久的"法宝"——微笑。在他从业的 50 多年里，无论到分设在哪个国家的希尔顿酒店视察，上至总经理，下至一线各级员工他问得最多的一句话就是："今天你对客人微笑了没有？"

日本最大的饭店之一新大谷饭店，也提出了"微笑是打动人心的最美好的语言""微笑是通往全世界的护照""笑脸相迎将使你们的工作生辉"等口号。所以，作为旅游服务人员，应该牢记康纳·希尔顿先生的一句比喻："如果饭店里只有一流的设备而没有一流的服务员的微笑，正好比花园里失去了春天的阳光和风。"

五、扬客人所长，隐客人所短

所谓长处和短处，表现在相貌衣着、言谈话语、行为举止、知识经验、身份地位等方面。扬客人所长，包括赞美客人的长处和提供机会让客人表现他们的长处，但不能为了扬某些人的长处而使其他客人受到伤害。隐客人所短，一方面，服务人员不能对客人的短处感兴趣，不能嘲笑客人的短处，不能在客人面前显示自己的"优越"；另一方面，服务人员应该在众人面前保护客人的"脸面"，在客人陷入困窘时，帮客人巧渡难关。

一般来说，客我交往的过程中最敏感的问题，多数是与客人自尊心有关的。因此，服务人员应牢记，绝不要去触犯客人的自尊心。在"提供服务"和"接受服务"这对特定的角色关系中，作为服务人员能够恰当地为客人"扬其长，隐其短"，做好客人的一面"镜子"，就能使客人对自己更加满意。增强自豪感是客人所得到的心理上的最大满足。因此，服务人员应该确立这样一个信条，如果你能够让客人对自己满意，他就一定会对你更加满意。

六、抓住机会，把握时机

服务人员为客人提供服务讲究"火候"与"机会"，这对客人的消费心理和行为有较大的影响。在旅游服务工作中，常常发生这样的情况，尽管服务人员满腔热情地为客人提供服务，但客人有时不仅不领情，反而表现出厌恶的情绪，是客人不领情吗？实则不然。这里可能存在一个重要原因，那就是服务人员没有掌握好服务时机。

服务时机的把握，不是机械地靠时间上的规定所能做到的，它需要服务人员的直觉以及丰富经验的积累，还包括个人的才智和灵性。服务时机的把握分主动把握和被动把握两种，而且这两种情况常常是并行的。主动把握，是指服务人员主动寻找和发现服务时机，以便提供相宜的服务；被动把握，是指客人一旦提出某种合理的要求，服务人员立即提供服务、毫不拖延。在实际服务中，常常发现客人对服务的"适时"非常满意。"适时"即恰到好处，会使客人产生愉快的心情。如果服务时机超前，客人会有厌烦情绪；如服务时机滞后，则会使客人产生不满情绪。

七、双赢服务，你我满意

所谓双赢就是指交往双方都取得胜利。服务人员在对客服务中，要让客人有一种胜利感，觉得自己受到尊重，对服务很满意。由此看来，"尊重"是旅游工作者、客人和合作者都想得到，也都应该得到的。因此，努力争取实现客我关系的"双赢"是最高境界，也是最好结果。

特别提示

客我之间的交往可能有四种不同的结局：

第一种结局是“我胜你败”——“我得意，你受气”。

第二种结局是“你胜我败”——“你得意，我受气”。

第三种结局是“两败俱伤”——“我有气，你有气”。

第四种结局是“双胜无败”——“你满意，我满意”。

在旅游活动中，当客人与服务人员发生矛盾时，服务人员要把对的一面让给客人。服务人员的角色期待需要放下“个人尊严”，自觉地站在客人立场上，设身处地换位思考。“客人永远是对的”这句话并不是对客观存在的事实所作的判断，它只是根据社会角色的不同对服务人员应该如何提供服务所提出的要求。客人是来“花钱买享受”的，是来接受服务的，而不是来接受批评的。这时要在不伤害客人尊严的情况下，巧妙地维护客人和酒店的利益，把“对”让给客人，保住了客人的“面子”。作为服务人员没有必要证明自己一定是对的，甚至逼着客人承认自己是“不对的”，因为这样一来，就把“分清是非”变成“争输赢”。当服务人员觉得客人“输”了时，实际上是服务人员自己和所在的企业“输”给了客人，所以应该记住：客人永远是对的，不与客人争输赢。

特别提示

我们必须时刻提醒自己——

客人永远是正确的，即使客人错了，也永远是正确的；

顾客绝对不会有错；

如果发现顾客有错，一定是我看错了；

如果我没有看错，一定是我的错才使顾客有错；

如果顾客有错，只要他承认错，那就是我的错；

如果顾客承认错，我还坚持他有错，那就是我的错；

总之，顾客不会有错，这句话不会有错。

案例分享

我的座位被占了

全陪导游小越带团去河南旅游，下火车后换乘旅行社安排的旅游汽车。每位游客都选择了自己中意的座位。第二天早晨集合时，旅游团除了一位60多岁的老太太外，其他游客全都坐好了。小越问老太太为什么不上车，她很不高兴地说："我不能坐在车后边，昨天的位子在前排还好，今天我上车动作慢了点儿，那个位子被一个小伙子占了。我想让他坐回原来的位置，他就是不让。他说导游又没说要坐回原来的位置，他喜欢坐哪就坐哪。大家花一样的钱来旅游，为什么他要在后面呢？""事先为什么不讲清楚应该怎么就座呢？"小越十分为难地回到了旅游车上，把老太太的情况说了一下，并向各位游客致歉。小越说："我工作没做细，希望大家下次乘车还按现在的座位坐好。同时，也希望年轻人多发扬点风格，尽量照顾一下老人和孩子，让他们坐在前排。"最后，另一位游客让出了自己的位子给老太太，团队的行程才得以进行下去。

分析：在案例中，导游的确在工作中存在疏漏，导致了纠纷的发生。多数游客，尤其是老年游客有"受重视"的心理，他们希望导游和周围的人能在意他们的感受。因此，导游需要做到以下几点：一是尊重游客，把准备工作做好，提前告之出行注意事项，以减少不必要的麻烦。二是经常询问游客的感受，并与他们多沟通、多交流，及时弥补工作中的不足。三是在服务中要一视同仁，不可顾此失彼。通常，游客对旅游活动，对导游的服务都充满了期待，旅游中的不受"重视"会使这种期待会变得失落。本案例中老太太的心理就是这样。所以，导游应该多掌握游客的心理，提供贴心服务，尽量使游客满意而归。

思考与练习

一、填空题

1. 人际关系的形成受认知、________、________三方面心理因素的影响。

2. 旅游服务的双重性是指________、________。

3. 在社会心理学中以交往媒介作为指标，将人际关系分为________、________、________、________四种。

4. 旅游服务中客我交往的特点是________、________、________、________。

5. 根据沟通所借用的媒介的不同，可划分为________和非语言沟通。

二、选择题

1. 下列不属于非语言沟通的是（　　）。

A. 身体动作　　B. 礼貌服务用语

C. 面部表情　　D. 穿着打扮

2. 下列属于业缘人际关系的是（　　）。

A. 棋友　　B. 父子　　C. 师徒　　D. 同事

三、判断题

1. 在人际关系三方面因素中，如果是正式群体，则感情因素起主导作用，制约着人际关系的亲疏程度、深浅程度及稳定持久程度。 （ ）

2. 服务的最佳距离是在 2 米以上。 （ ）

3. 人际关系是人们认识社会、了解他人和自己、协调相互关系，以便更好地适应环境的重要途径。 （ ）

4. 如果说需要是人际交往的动力，那么情感则是人际交往的纽带。 （ ）

四、问答题

1. 什么是人际关系，人际关系的功能有哪些？

2. 什么是客我交往？

3. 试分析客我交往的特点。

4. 旅游服务中的客我沟通方式有哪些？

5. 你是如何看待“客人永远是对的”这句话的？

项目九　关注旅游企业员工心理健康

学习目标

1. 了解心理健康的含义、标准及影响因素；
2. 掌握员工心理健康的重要性；
3. 了解员工的心理疲劳及产生的原因；
4. 掌握员工心理疲劳的应对措施；
5. 了解员工的职业压力及影响；
6. 掌握员工职业压力的压力来源及应对措施；
7. 了解员工心理挫折及产生原因、挫折耐受力；
8. 掌握员工心理挫折的行为表现及应对措施。

项目分析

随着经济、科技的迅速发展，人们的生活和工作节奏日益加快，压力随之加大，旅游企业员工的心理问题越来越突出。国内外的实践表明，心理疾病是威胁个人生命健康的大敌，是破坏组织效率的重要原因之一。鉴于此，旅游企业的员工都应该关注自己的健康，这里所说的健康包括身体健康和心理健康。旅游企业员工的心理健康是旅游心理学的研究重点，亦是本项目着重讨论的问题。

任务一　了解心理健康

☞ 情境设计

李红在旅行社工作了一段时间，她有了一些新的感受，虽然她每天工作很烦琐，也很忙碌，但是她的工作对专业知识有比较高的要求，她觉得自己的知识和能力还有很多欠缺，和其他员工相比，差距比较大。她感受到了压力，情绪也低落了，自信心也不足了。主管发现了李红的变化，找她谈心，深入与她交流，帮助她制订学习计划，李红重新找到努力的方向，又热情地投入到工作和学习中。

根据以上情境，完成下列任务：

1. 讨论李红的心理处于什么样的状态？

2. 主管对李红的帮助有什么意义？

☞ 任务分析

初入职场的李红，她面临的考验就是对新工作的适应问题。从学校的理论学习到职场的实践，她必然会遇到更多知识、经验不足的情况。李红产生了消极、否定的情绪困扰，如果不及时调整，就会对工作、生活产生不良的影响。消极的情绪是可以通过恰当的途径克服和解决的，李红的主管及时发现了她的心理问题，给予了恰当的指导，帮助她调整到健康、积极的状态上来。

当今社会，随着生活节奏的加快、社会竞争的加剧以及多元文化和价值冲突的加深，健康已经成为了一个出现频率越来越高的词。健康是个人幸福的源泉，也是事业成功的保障。作为旅游企业的管理者，既要关注自身的健康，也应该关心员工健康。这里的健康不仅包括身体健康，也包括心理健康。

一、心理健康

（一）什么是心理健康

世界卫生组织（WHO）对健康提出了新定义，即健康不仅是没有疾病，而且包括身体健康、心理健康、社会适应性良好和道德健康。与此相应，世界医学模式也从传统单一的生理医学模式演变为“生理—心理”医学模式，再发展到现代的“生理—心理—社会”医学模式。

（1）身体健康。这是健康的基础，指人体结构完整，生理功能正常；

（2）心理健康。一个人基本心理活动协调一致，心理活动和生活适应良好的一种状态。

（3）社会适应性良好。能与自然环境、社会环境保持良好接触，并具有良好的适应能力，有一定的人际交往能力，能有效地应对日常生活、工作中的压力。

（4）道德健康。不以损害他人利益来满足自己的需要，具有辨别真与伪、善与恶、美与丑、荣与辱的观念和能力，能够按照社会道德行为的文明规范准则约束自己，支配自己的思想行为。

近年来，许多专家对这一问题进行了研究，对此解释的角度各有不同。但普遍认为，心理健康是指人的心理，即知、情、意活动的内在关系协调，心理的内容与客观世界保持统一，并据此能促使人体内外环境平衡和促使个体与社会环境相适应的状态，且不断地发展健全的人格，提高生活的质量，保持旺盛的精力和愉快的情绪。

（二）心理健康的标准

结合旅游企业员工的心理特征以及特定的社会角色，我们认为，员工心理健康的标准可概括如下：

（1）智力状况正常。在学习、工作、生活各方面的能力，达到同龄人的中等和中等以上水平，并能表现出积极的创造性。

（2）自我评价恰当。对自己的各方面情况都有恰当的判断，目标符合实际。

（3）情绪愉快稳定。情绪稳定，不偏激，积极的情绪和社会性情绪占主导。

（4）人际关系良好。心态开放，善于沟通，关爱他人。对自己所生活的社会环境能保持良好的、紧密的联系，及时协调自己的行为，以便更好地适应环境。

（5）个性完整和谐。各种心理特征完整、和谐而统一，思维活跃，遇事决断，凡事持之以恒，乐于施展自己的才华、体现自我价值和社会价值。

（6）行为习惯规范。养成适应社会的生活方式与行为习惯。

（三）心理健康的影响因素

1. 生理因素

影响个体生理健康的生理因素包括遗传和疾病。心理学家们曾用家谱分析的方法研究遗传因素对个体心理健康的影响，结果发现，在有心理健康问题的学生中，家族中有癔症、活动过度、注意力不集中病史的所占比例较大。除了遗传因素之外，病菌、病毒干扰、大脑外伤、严重躯体疾病等都可能导致心理障碍甚至精神失常。

2. 家族因素

多数研究发现，结构完整、气氛和谐的家庭，有利于儿童的心理健康，而破裂的家庭或父母不和谐、经常争吵，对儿童身心健康明显有不利的影响，容易使儿童产生躯体性疾病，同时会导致心理障碍的发生率增高。此外，父母教养方式、家庭环境等也对心理健康有显著影响。

3. 学校因素

学校因素主要包括学校的管理和教学、学校环境、教师因素。学校的重要性体现在较长时间内对人进行系统的教育，而这种系统的教育对人的社会行为的塑造是其他机构无法替代的。

4. 社会因素

社会因素包括社会环境、工作环境、社区环境等。人生活在现实的社会环境中，在一定的社会环境影响下成长和发展。一定社会的文化背景、社区环境、社会风气和生活环境等因素都会对个体的心理健康产生影响。

5. 个体因素

个体某些方面的因素，如外貌、能力、习惯等也会影响个体的心理健康状况。如外貌较好、能力较强的人，往往在生活中更多地获得别人的喜爱，会感到更多的满意、愉快，这有助于其心理健康。反之，外貌有缺憾的人，较容易感到自卑、焦虑、挫折，从而导致心理问题。

拓展知识

心理健康中的“灰色区”概念

心理正常与不正常无明显界限，它们之间有一个连续变化的过程。具体地说，如果将心理正常比作白色，心理不正常比作黑色，那么，在白色和黑色之间存在着一个巨大的缓冲区域——灰色区。世界上大多数人都散落在灰色区域内，灰色区是非器质性精神痛苦的总和，其中包括心理不平衡、情绪障碍及变态人格。这些问题不同程度地干扰了人们的情绪状态与正常生活。

灰色区又可以进一步划分为浅灰色与深灰色两个区域。浅灰色区的人只有心理冲突而无人格变态，突出表现为由诸如失恋、丧亲、工作不顺心、人际关系不和睦等矛盾而带来的心理不平衡与精神压抑。处在深灰色区的人则患有种种异常人格和神经症，如强迫症、恐惧症、癔症、性倒错等症状。浅灰色区和深灰色区之间也无明显界限，后者往往包含了前者。

灰色区的存在，说明在人生的发展过程中我们面临心理问题是正常的，不必大惊小怪，应积极加以调整和矫正。

二、员工心理健康的重要性

员工心理健康是指企业员工高效而满意的、持续的心理状态。了解员工的心理健康状况，一方面可以透视职场的“病征”，发现职业状态背后深层的心理原因；另一方面可以借助一些缓解和治疗的手段，使员工从职业心理困扰中解脱出来，缓解压力、倦怠等带来的心理伤害，维持职业心理健康。主要体现在以下三个方面。

（1）减少人才流失。关注员工的心理健康，及时发现他们的心理问题，帮助他们解决生活和工作上的困扰，可以让他们感受到企业的温暖，使员工有归属感和工作热情，培养他们对企业的忠诚度。同时，也能吸引更多的优秀员工，由此可以降低人才的流失风险，保护企业的核心资源。

（2）提高劳动生产率。通过员工心理健康的管理，使员工压力处于最佳水平，身心更健康，精力更充沛，由此提高企业的劳动生产率，增强企业的核心竞争力。

（3）预防危机事件的发性。企业可以对员工的心理健康水平进行及时监控，并给出适当的指导建议，促进员工随时调整身心状态，预防员工心理危机事件的发生。

任务二　掌握员工的心理疲劳

☞ 情境设计

李红虽然工作时间不长，但她性格开朗、活泼，很快就和同事打成了一片，特别是和王霞关系很要好，私下聊得比较多。王霞已经工作5年了，她经常说的就是："真没意思，不想干了。"她说，原来觉得这个工作可以到处走走，看看风景，可以饱览山水，很浪漫的工作。现在知道了，带团出行非常辛苦，根本没有旅游的热情了。目前又没有其他的选择，只好干一天算一天。

根据以上情境，完成下列任务：

1. 讨论王霞对工作产生厌倦的原因是什么？
2. 旅游企业管理者应如何避免这种现象？

☞ 任务分析

王霞长时间干这一件工作，产生了职业倦怠，引发了心理疲劳，这严重影响了她的工作积极性，同时也对她的生活产生了消极的影响。这也是目前许多企业员工遇到的问题。如何创造多样化的工作环境和内容，设定工作目标，让员工一直有前行的动力，这是企业管理者应该认真思考的。

一、疲劳

疲劳是人的机体为了免遭损坏而产生的一种自然保护反应，是人们工作或运动到一定程度时出现组织、器官甚至整个机体工作能力暂时下降的现象。疲劳是一种生理现象，经过休息疲劳消失，工作能力又得到恢复。一般来说，可以将疲劳分为生理疲劳和心理疲劳两种。

生理疲劳是指人由于长期持续活动使得人体生理功能失调而引起的疲劳。生理疲劳又可以分为体力疲劳和脑力疲劳。

心理疲劳是指人体虽然肌肉工作强度不大，但由于神经系统紧张程度过高或长时间从事单调、厌烦的工作而引起的疲劳。

生理疲劳和心理疲劳是有区别的，但两者又是联系的。生理疲劳是为工作所倦，不能再干；心理疲劳则是倦于工作，不想再干。轻度的生理疲劳可以由意志努力来克服，重度的生理疲劳，不但会降低运动器官的工作效率，还会使神经系统受到损伤，从而破坏正常的心理活动。心理疲劳也会减弱生理活动，如厌倦、忧虑等都会损害身体的健康，使器官的活动效率降低。

二、心理疲劳产生的原因

心理疲劳本质上是一种紧张，会导致抵御疾病及精神紧张的能力下降，增加疾病的发病率。主要表现为注意力不集中、精神紧张、思维迟缓、行动吃力，在情绪上表现为情绪低落、浮躁、厌倦、忧虑等。具体产生原因如下：

（一）心理负荷情境

心理负荷可解释为单位时间内人体所承受的心理活动工作量。心理负荷过高或过低都会引起心理疲劳。过高的心理负荷会造成员工高度的心理应激，使人体的紧张程度过高，心理能力使用过度，从而造成心理疲劳。同样，心理负荷过低也会引起心理疲劳。单调、乏味的长时间从事一件事情会引起员工的极度厌烦，引起和加速员工心理疲劳的产生。

（二）工作态度和动机

心理疲劳与人的工作态度和动机有很大关系。工作热情高，有积极工作动机的员工可以忽略外界负荷对人的影响而持续工作。工作热情低、毫无持续工作动机的员工对外界负荷极为敏感，往往会夸大或高估不利的效应。美国心理学家迈尔（Maier）提出的疲劳动机理论认为，一个人在从事某项活动中体验到疲劳的程度，依赖于个体对完成这次任务的需要和动机的水平。在实际工作中，具有高动机水平的员工干劲大，他可能感到疲劳，但情绪很好；低动机水平的员工虽然工作并不紧张，消耗的能量不多，仍觉得累。

（三）期望

期待对心理疲劳产生的影响也相当明显。许多研究者探索了 8 小时工作效率的变化规律，结果发现：随着工作时间的延续，工作效率逐渐下降；休息后继续工作，则工作效率有一定的回升；更令人感兴趣的现象是，每当工作日快结束时，人们的工作效率又会出现较明显的回升。毫无疑问，在这里，意识到结束时间快到，结束工作的期望很快就要实现，使人们的劳动积极性大大提高。从这里可以看出，由于期望即将实现，虽然生理上可能很疲劳，但心理的疲劳或者说是疲劳体验却减轻了。

（四）情绪因素和精神负重

心理疲劳和生理疲劳的不同点之一，就是心理疲劳易受情绪因素的影响。消极的情绪使人们体验到更多的疲劳效应，积极的情绪往往让人们将工作中积累的疲劳感冲得一干二净。精神负重也是心理疲劳的一个重要原因，员工处于社会、家庭、工作、生活的多重压力下，长期背负着各种压力，在工作、事业开创、人际关系处理、家庭角色的扮演，以及对家庭和事业的不断权衡方面，总是处于一种思考、焦虑、烦闷、恐惧、抑郁的压力下，心理很容易陷入“衰竭”的状态。

除了上述因素以外，心理疲劳还受人的身体素质、性格特征、工作环境条件、睡眠状况及心理暗示等的影响。另外，生理疲劳同样对心理疲劳有影响，生理疲劳也是引起心理疲劳的一个方面的因素。

三、旅游企业员工心理疲劳的应对措施

心理疲劳也像生理疲劳一样，对人们的工作、生活、健康产生负面影响。生理疲劳通常只要通过补充能量和休息，就能恢复正常。而心理疲劳则较难消除，危害更大。

（一）旅游企业层面的应对措施

1. 改善工作条件，重新配置员工

对工作进行重新设计和安排，将负担过重的工作适当调整，由多人分担，将过于枯燥的工作进行扩大化和丰富化，即增加工作内容、赋予更多责任，使员工感受到工作的趣味性和意义性。还可以实行更为灵活的工作时间和休假制度。同时，企业也可以根据员工的兴趣、能力等因素使员工与岗位更匹配，让最适合的人做最适合的工作。

2. 员工帮助计划

员工帮助计划包括为员工提供个人咨询和指导，在组织内建立和发展一些能使员工保持轻松感和新鲜感的服务项目，组织各种健身项目、营养项目、家庭援助计划等。主要分为三类：一是以为员工提供信息为目的，并不直接缓解员工的倦怠情绪。如利用午餐时间为员工做如何应对倦怠情绪的讲座；二是让员工参加一些活动，改善其生活方式；三是创设一种环境，帮助员工将健康的生活方式保持下去。

3. 为员工设置不同的职业路径

职业路径是企业为内部员工设计的有关自我认知、成长和晋升的管理方案，它在帮助员工了解自我的同时也使企业掌握员工的职业需求。职业路径指明了企业内员工可能的发展方向及发展机会。良好的职业路径设计，一方面有利于企业吸引并留住优秀员工。另一方面能够激发员工的工作兴趣，有效降低离职率。

（二）旅游企业员工的应对措施

1. 保持积极的心态，培养对工作的兴趣

心理疲劳的产生，是因为大脑皮层抑制和消极的情绪引起的。浓厚的兴趣是消除心理疲劳的关键之一。个体一旦对某一活动产生兴趣，就能使大脑皮层形成兴奋灶。所以，培养员工对工作或学习的兴趣，就能使心理处于一种良好的应激状态，克服心理疲劳。

2. 明确工作目标，知晓工作结果

如果工作过程缺乏吸引力而工作结果有吸引力，也有助于减少或减轻心理疲劳。工作以外的东西如果富有吸引力，会减轻心理疲劳或降低心理疲劳的发生率。由于结果的诱惑，人们可以调动主观能动性以克服厌倦感。同时，每个人无论做什么，都应明确自己最终的目标，并且能把大目标分解成一个个小目标，这样，便于随时了解自己的成绩，使自己不断获得激励，使大脑皮层维持较高的兴奋水平。

3. 正确认识心理疲劳，及时调整消极的情绪

员工要对心理疲劳有明确的认识和接受的态度，认识到工作中产生疲劳感并非是个人能力差的表现，而是人人都可能会有的正常心理现象。不要过于责备自己，有适度的压力反而是进步的动力。当受到压力而产生倦怠情绪时，可以向家人或朋友倾诉，通过倾诉可以得到发泄与释放，这对舒缓压力和紧张情绪是非常有效的。也可以通过运动、听音乐、休假等方式，让身心放松，重新获得积极的状态。

拓展知识

员工帮助计划（EAP）

1. EAP：全员心理管理技术

EAP（Employee Assistance Program），直译为“员工帮助计划”。它是由企业为员工设置的一套系统的、长期的福利与支持项目。通过专业人员对组织的诊断、建议和对员工及其直属亲人提供的专业指导、培训和咨询，旨在帮助解决员工及其家庭成员的各种心理和行为问题，提高员工在企业中的工作绩效。

2. 新企业员工帮助计划：从开始就做好

一般说来，新企业在机构设置、薪酬方案、业绩考评、人事变动、员工协作、管理效率等诸多方面都处于试水阶段，是要经过不断的适应性探索，才能初步确定上述与每个员工都息息相关的问题的过程中，这个时期里各种不稳定因素都在考验着新企业那其实非常脆弱的神经，而处在决策层的企业神经中枢也许是最容易出问题的地方。于是，靠员工帮助计划来调整所有人的心态、生态、形态和状态是万全之策。

3. 员工帮助计划：实施与操作

第一，进行专业的员工职业心理健康问题评估。

第二，搞好职业心理健康宣传。

第三，对工作环境的设计与改善。

第四，开展对员工和管理者的培训。通过压力管理、挫折应对、保持积极情绪等一系列培训，帮助员工掌握提高心理素质的基本方法，增强对心理问题的抵抗力。

第五，组织多种形式的员工心理咨询。对于受心理问题困扰的员工，提供咨询热线、网上咨询、团体辅导、个人面询等形式丰富的心理咨询服务，从而充分解决员工的心理困扰。

任务三　掌握员工的职业压力

☞情境设计

李红工作已经满一年了，旅行社要对他们进行考核，并对考核优秀的员工进行奖励。因为是第一次参加考核，李红和一同工作的张英都非常重视，也很紧张。李红在这批员工中，无论是业务能力，还是敬业程度都很突出，也独立承担了一些重要工作。李红觉得自己考核优秀的希望还是非常大的，可是当结果出来时，她非常意外，工作平平的张英当了优秀，而她只是合格。不仅她自己很沮丧，好友王霞也替她不平，李红很受打击。

根据以上情境，完成下列任务：

1. 讨论李红受打击的心理因素是什么？

2. 作为企业管理者，应如何做到公平？

☞ 任务分析

该旅行社对员工进行考核时，对于表现出色的李红和表现平平的张英，得出的考核结果和他们的实际工作表现完全相反，这让李红感到了不公平，感受了压力。当工作成绩得不到肯定时，这极大伤害了李红的工作积极性，这对该企业的发展是不利的。所以，企业的管理者要创设公平的竞争环境，客观公正地进行考核与奖励，杜绝任人唯亲，才能避免员工产生消极的情绪，影响工作积极性。

我国旅游业发展迅速，竞争日趋激烈。要想在竞争中保持优势，对于旅游企业而言，提供一流的产品和服务，增强顾客满意度，则显得非常重要。没有与顾客直接接触的员工的配合，旅游企业就很难提供一流的产品和服务；而作为旅游企业的工作人员，由于工作性质的特点，面临着一系列来自工作方面的压力，这些压力严重影响了员工的健康。

一、压力的定义

压力是个体对某个不能很好应对的、不确定而又重要的情境产生的生理、心理和行为反应。

首先，压力是个体能够感知、体验到的生理、心理和行为反应。所谓压力的生理反应，是指血压升高、手脚出汗、呼吸加快、口干舌燥、食欲减退等；压力的心理反应，是指神经紧张、思维紊乱、焦虑易怒、郁郁寡欢等情绪体验；压力的行为反应是指沉默寡言、行为古怪、持续失眠、无意识的动作增多等。

其次，压力是个体对不能很好应对的情境的反应。如果个体能够从容应对，这一情境不会使人产生压力。如业务能力强的员工，面对不太复杂的工作能够轻松应对；而业务能力差的员工，在面临同样的工作时就会感到力不从心，这时压力就产生了。

最后，压力是个体对某一不确定而又重要的情境的反应。个体对自己的成功与失败无法确定时，就会感到压力，同时还要考虑其结果的重要程度。如前台经理认为保住职位或晋升对自己非常重要，那么当频繁出现客人投诉时他就会感到压力。

二、旅游企业员工职业压力的来源

职业压力是指当职业要求迫使人们做出偏离常态的机能改变时所引起的压力，职业压力也称工作压力。职业压力在个体身上造成的后果可以是生理的、心理的，也可以是行为方面的。造成职业压力的原因是多方面的，总结起来有以下几个方面。

1. 工作条件的压力

旅游企业产品的季节性比较突出，在旅游旺季，游客出游人数多，会给旅游企业员工带来超负荷的工作量，员工经常加班，常出现体力不支的现象。高强度的工作超过员工所能承载的范围，对身体造成严重威胁，压力不断加重，常使工作效率大打折扣；另外，旅游企业员工的工作性质和工作环境比较单一，特别是基层的员工，每天都重复着相同的工作，长此以往，员工会丧失对工作的热情和积极性。

2. 角色的压力

角色压力极大地影响旅游企业员工的工作态度、工作行为和工作绩效。员工的角色冲突、角色模糊会削弱员工的工作满意感、员工对企业的归属感，降低员工的工作绩效，引起员工的离职意向。有的企业盲目强调“顾客就是上帝”，顾客的主动地位被过分强调，而员工本应与顾客平等的地位却被人们过分贬低，使得他们在服务过程中小心翼翼；而顾客对服务人员的任何一个小小失误经常扩大化，这也加大了员工的压力。

3. 人际关系的压力

根据马斯洛需要层次论，人类的需要包括生理需要、安全需要、社交需要、尊重需要、自我实现需要。作为人际关系的社交需求，则属于较高层次需求。而在旅游企业内部员工彼此间常常为一些利益闹得不可开交，不少员工不是把同事当成完成工作的合作伙伴，而是看成竞争对手。同时在员工内部存在一些小团体主义，这些小团体之间往往是针锋相对，使一些不愿意钩心斗角的员工处于尴尬的境况之中。复杂的同事关系使员工在工作中感到孤立无援。此外，一些管理者往往把服务员当“雇员”和“工具”，而不把他们当作“成员”，对自己的下属要求过分苛刻，不容许他们有任何的过失，并且常常以领导者自居，缺乏对旅游企业员工的人文关怀，使旅游企业的员工对旅游企业缺乏认同感和归属感。

4. **职业发展的压力**

旅游企业对于员工的职业发展没有规划，对员工的培训也只是在入职时进行，缺乏系统的长期的职业培训，员工缺乏成长的空间。由于旅游企业员工总体来说学历层次较低，而对于一些学历稍高的、在现有岗位上工作一段时间的员工来说，由于自己的才能不能得到有效发挥，或者没有升迁机会，工作成绩得不到肯定等原因，就会对现有工作失去信心，转而寻找更适合自己、更有利于实现自我价值的工作。

5. **管理体制的压力**

企业管理结构不合理，管理制度不健全，缺乏有效的激励机制，员工长期的努力得不到回报。企业内部派系争斗，同行间竞争激烈，组织气氛不和谐。企业权力高度集中，员工无权参与企业决策，员工的积极性和主动性受到影响。

特别提示

所谓人性化管理，就是一种在整个企业管理过程中充分注意人性要素、以充分发掘人的潜能为己任的管理模式。至于其具体内容，可以包含很多要素，如对人的尊重，充分的物质激励和精神激励，给人提供各种成长与发展机会，注重企业与个人的双赢战略，制订员工的生涯规划等。人性化管理是将人性学理论应用于管理，按照人性基本属性进行管理的管理哲学。因此，必须对人性有所了解。

三、职业压力的影响

在一定限度内，压力是一种非常积极的因素。适度的压力可以激发人的潜能，使人们能够保持较好的觉醒状态，智力活动处于较高的水平，从而使人的能力发挥到极致，提高工作效率。过大的职业压力会引起有机体过度的情绪紧张，从而带来一系列紊乱现象。长期过大的职业压力，还会引发从业者的各种心身疾病。

1. **对身体健康的影响**

医学界多年的研究都致力于压力对人体健康的影响。研究表明，人们在承受压力时，机体内部会自觉地分泌出一种荷尔蒙，来激发人体的活力以抵抗压力。但如果压力持续存在，这种荷尔蒙就会使体内器官长时间超负荷运转，引发各种疾病，这就严重威胁到了人们的身体。在高强度的压力作用下，人体可能会出现免疫力下降、心血管病、消化道和肠胃系统疾病、呼吸系统疾病等。

2. **对心理健康的影响**

第一，压力会对人的认知活动产生影响。容易使人注意力下降，难以集中精神，以致经常会视而不见，听而不闻；以及短期或长期的记忆力衰退，信息提取、再认速度减慢，思维紊乱，分析能力、判断能力、决策能力全面下降等，这些都会影响员工的正常工作，造成工作差错或效率下降。

第二，压力对人的情绪情感活动的影响。压力之下，员工经常会出现精神紧张、焦虑、烦恼等负面情绪。作为旅游企业的员工，提供的大多数服务或者产品都是与游客面对面的。员工带着负面情绪工作，会影响员工的工作态度和工作绩效。此外，还会导致员工与上级、同事的关系紧张，从而降低游客的满意度。

3. 对行为的影响

承受过大的职业压力，还会出现一些消极的行为反应。如工作绩效下降、缺勤怠工、睡眠失调等。例如，有些人感觉到压力来临时，常常通过嗜酒来缓解压力，这显然是没有效果的，甚至还会影响到第二天的工作效率，反而促使缺勤率和离职率升高。

鉴于此，旅游企业必须加强员工的职业压力管理，只有关注员工，进行的合理的压力管理，为员工创造良好的工作氛围，才能提高员工满意度，提高工作绩效，最终提高顾客的满意度。

四、职业压力的应对措施

（一）创建和谐的工作环境，建立公平的激励机制

在旅游企业管理中培养员工的团队意识和团队精神，引入公平竞争机制，使员工彼此利益息息相关，且与旅游企业的整体效益相一致，使他们不把同事看成竞争对手，而看成自己的合作伙伴。同时管理者应深入了解员工心理需求，让员工参与管理决策，充分听取和积极采纳他们的合理建议，这将有助于提高员工的主人翁意识，增强他们对企业的责任感和使命感。

（二）关爱员工，引导员工树立正确的角色认知

在现代企业管理中，强调既要照顾好顾客，也要照顾好员工。有好的员工才能为游客提供好的服务，尊重、爱护员工才是企业健康发展的根本。旅游企业管理者应做好员工角色压力的管理工作，为员工提供好的工作环境，帮助员工树立正确的角色认知。面对员工与游客之间的冲突，不能一味地把责任推到员工身上，应客观地看待事实，通过灵活的方式使游客明白有些要求确实不合理，让他们主动放弃不合理的要求。

（三）加强员工的职业培训，做好员工的职业发展规划

旅游企业要加强员工的培训工作，开阔他们的视野，提升他们的专业知识和职业能力，以适应快速发展的旅游行业的需求。同时，也能够提高他们对职业的自豪感和成就感。结合旅游企业发展的需求，评估每个员工的职业特点，为他们量身制订适合他们个人的职业发展规划，让他们看到职业发展的前景，可以极大地激发他们的工作积极性和主动性，培养他们对企业的忠诚度，降低员工的流失率。

（四）创造良好的工作条件，丰富员工的业余生活

针对旅游企业在旺季时员工的工作量过大，可以采取雇佣临时员工的做法来缓解这一情况；旅游企业的工作是单调的、枯燥的，这是由旅游企业的工作性质决定的。但是企业可以通过对不同岗位的员工进行轮岗，或安排娱乐等其他活动，来缓解单调性、枯燥性工作给人们带来的疲倦感。通过工作轮换，一方面可以加强员工的技能，为一线员工将来的发展打下基础；另一方面可以减轻员工的压力，同时也可以促进员工之间的交流与合作，在员工之间建立融洽的工作关系。

任务四　掌握员工的心理挫折

☞ **情境设计**

张英获得了考核优秀，并被奖励去日本旅游。李红听老员工说，张英是经理的亲戚，所以才有这么好的机会。一直对工作很有热情的李红，听到这些议论，情绪很低落，觉得企业管理重人情、不重业绩，自己的理想难以实现。李红内心开始动摇，经常在报纸上看招聘广告，希望能找到新的工作。

根据以上情境，完成下列任务：

1. 讨论李红的心理处于什么样的状态？
2. 你认为李红应该怎样做才更积极？

☞ **任务分析**

作为新职工的李红，她有理想、有激情、有干劲，渴望有施展才能的舞台。但她社会经验不足，对职业缺乏长远的规划，一遇到困难和挫折就要打

退堂鼓，所以她还需要成长和历练。挫折对年轻人的成长有积极的作用。但作为管理者来说，对待下级要一视同仁，公平公正，为员工的成长创造良好的企业环境。

一、挫折及其原因

挫折，是指个体从事有目的的活动，在环境中遇到障碍或干扰，使其需要和动机不能获得满足时的情绪状态。它是一种社会心理现象。

引起挫折的因素很多，各种因素所引起的挫折强度也不尽相同。概括地讲，这些因素可以分为下列两类。

（一）客观因素

客观因素主要包括自然、社会及个人诸方面客观条件的限制。自然环境，是指个体能力无法克服的自然环境限制，包括空间限制、时间限制、自然灾害与事故、生老病死；噪声大、工作单调、超时工作等。社会环境，是指个体在社会生活中面对的政治、经济、道德、人情、习俗、偏见等；管理方式不妥、岗位与能力不匹配、人际关系紧张、经营失败、企业亏损。

（二）主观因素

除了各种客观条件的限制以外，挫折亦可以由各种各样的主观因素引起，主要是个人的生理条件和内在冲突。个人生理条件，包括智力、能力、容貌、身材、生理缺陷、疾病等所带来的限制。我们在日常生活中所遇到的冲突，概括起来主要有下列四种类型。

1. 双趋冲突。当我们在有目的的活动中同时被两个目标所吸引，但又二者不可兼得，必须放弃其中之一时，就会在心理上产生难以取舍的双趋冲突。

2. 双避冲突。同时存在两个目标，对我们都有害，而现实又迫使我们必须选择一个，由此产生双避冲突，心理上产生很大压力。

3. 趋避冲突。当同一个目标既能够满足我们的需要，对我们有吸引力，同时又会给我们心理上带来威胁，对我们有某种伤害性时，我们趋近这一目标和逃避这一目标的动机同时存在，并相互冲突，这就是趋避冲突。

4. 双重趋避冲突。当同时有两个目标与我们发生联系，而每一个目标既可以有益于我们，同时又会不利于我们时，就出现了双重趋避冲突。

二、挫折耐受力

挫折耐受力，也叫挫折容忍力，是指一个人忍受挫折、保护自己心理健康、维持平稳情绪的能力。挫折耐受力的强弱由两方面的因素决定：一是人的身体条件，二是成长过程中经受挫折的经验与价值观的稳定程度。

大量的心理学研究证明，挫折耐受力受生理条件、过去的经验与学习、对挫折的直觉判断三个因素的影响。一方面，身体条件好的人，要比身体条件差的人具有更好的挫折耐受力。另一方面，如果一个人在成长过程中经常身处逆境，生活风浪的冲击会提高他应对生活困难、摆脱心理冲突的能力。此外，在成长过程中受到良好教育，价值观念统一而稳定的人，也会百折不挠，表现出超人的挫折耐受力。

三、挫折的行为表现

由于受挫折的人各有特点，所以人受挫折后的行为表现也各有不同。一般有两类：有的人采取积极进取的态度，采取减轻挫折和满足需要的积极适应的态度；也有的人采取消极，甚至是对抗的态度，比如攻击、冷漠、幻想、退化等。

（一）消极情绪与行为反应

1. 焦虑

人在受到挫折后，情感反应是非常复杂的，它包括自尊心的损伤、自信心的丧失、失败感和愧疚的增加，最终形成一种紧张、不安、忧虑、恐惧等感受所交织成的复杂心情，统称焦虑。焦虑是遭遇挫折后常见的一种心理反应。适度焦虑对提高效率、激发潜能有一定的积极作用，而过度焦虑是有害的，严重的会导致心理疾病，发展成焦虑症，焦虑主要表现为：焦躁不安、畏惧、丧失勇气、自怨等。

2. 攻击

这是一种常见的对挫折所采取的公开对抗的行为。这种攻击行为又可分为直接攻击和转向攻击两类。前者是把攻击行为直接指向阻碍达到目标的人或物。后者是指当不能直接攻击阻碍自己达到目标的人或物时，把攻击行为转向某种替代的人或物。

按照美国社会学家 J. 多拉德等五人于 1939 年提出的挫折——攻击理论，人受到挫折后，会产生攻击性反应，攻击主要针对三种对象：直接制造挫折的人；与挫折的造成没有直接关系的人；受挫者本人。

3. 退缩

退缩是一种与上述攻击行为截然相反的情绪反应。当个体受到挫折时，他选择以退缩的反应来适应挫折情境，主要表现为无动于衷、漠不关心的态度，借以逃避现实的困扰。具体有以下三种表现。

（1）冷漠。当一个人受到挫折后压力过大，无法攻击或攻击无效，或因攻击而导致更大的痛苦，于是便将他愤怒的情绪压抑下来，采取冷漠行为。从表面上看，他似乎对挫折漠不关心，表现冷漠、退让；但是，人的内心痛苦可能更甚，严重的甚至可能转变为忧郁型精神病人。

（2）幻想。这是人受到挫折后的另一种退缩式反应，通常是指个人遭受挫折后退缩、脱离挫折，把自己置于一种脱离现实的想象的境界，企图以非现实的虚构方式来应付挫折或解决问题。

（3）依赖。这是指当一个人遭受挫折的时候，千方百计地寻求精神寄托，以缓解受挫后的不安情绪，即依赖性的情绪反应。一个人受到挫折的时候，往往是他情感最脆弱的时候，这时很容易对他身边的安慰者产生依赖感，但是这种依赖只是一种暂时的退缩现象，当挫折完结后或个体自身强大后，依赖感就会慢慢消失。

4. 宣泄

宣泄是指个体在受到挫折时，在一定程度上丧失了控制力所产生的情绪的向外展示。很多女性在工作中受挫或受到批评时，最先采取的反应就是像小孩那样大声地哭泣；而男性却会为一点小事就暴跳如雷。这些都是不成熟的宣泄方式。

5. 固执

个体在生活环境中遇到挫折时，需要有一种随机应变的能力，才能顺利地解决所遇到的问题。但在某些情况下，如个体数次遇到同样的挫折，他可能会采取一种一成不变的反应方式，即使以后情况已改变，而这种已有的刻板性反应方法仍会继续盲目出现。这种现象就叫固执。

（二）积极的行为方式

1. 坚持目标，矢志不移

个体受挫后，通过冷静分析，仍然认为自己追求的目标是有可能实现的，挫折只是暂时的，完全可能克服的，个体就会坚定信心去排除障碍，朝既定的目标迈进，最终达到预定的目标。在这个过程中也要善于分析挫折产生的原因，必要时应该改变实现的途径与方法，避免犯同样的错误。如在工作中很多员工改变了不被企业接纳的动机和行为后，其需求得到了满足。

2. 调整目标，继续努力

个体受到挫折后认识到自身条件或社会因素的限制，即使再多尝试几次也不可能将目标实现。此时，积极的员工并不是放弃自己的目标，而是通过调整目标以实现自己的愿望，使需要得到满足。

3. 在挫折中升华

当受挫者把挫折与失败引向更崇高的目标时，就会做出对社会、对他人更为有益的行动。在挫折中升华是需要坚强的意志和开阔的胸襟的。

四、员工心理挫折的应对策略

（一）提高员工自身的挫折承受力

1. 帮助员工正确认识挫折

在挫折的情境中许多不理智的反应、不正确的行为，都是与自身缺乏对挫折的正确认识有关。树立正确的挫折观，可以使员工从心理上克服惧怕挫折的障碍，提高挫折的承受能力。

2. 帮助员工确定合适的抱负水平

确定合适的抱负水平，可以避免员工在工作中遇到失败，让他们重拾信心，顺利发展。所以，根据员工的工作表现和工作能力帮助他们确定合适的抱负水平，既能激励其工作积极性，又能避免抱负过高导致的挫折感。

3. 帮助员工发现和肯定自己的长处

在遇到挫折时，员工不仅会体验到情绪上的紧张不安，还会因此打击自身的自信心，丧失面对困难的勇气。因此，帮助员工正确认识自己，善于发现自身的优势，找到自己的长处，建立良好的自信心，可能更好地应对挫折。

（二）加强对员工挫折的管理

1. 及时了解并排除挫折产生的根源

企业的管理者对员工的情绪应有敏锐的观察，把员工的种种不良适应性行为看作是存在问题的信号。管理者可以借助员工态度调查，及时发现员工心中的挫折，找出根源，予以解决。

2. 改变挫折情境

管理者力争创造条件，以改变引起员工遭受挫折的情境，也是帮助员工应对挫折的有效方法。通过对员工进行岗位调动，或者通过建立学习型组织，加强对员工的培训，以及通过创建企业自己的独特文化，营造和谐的文化氛围和工作环境，使员工感受到企业组织的关心、同情和温暖，从而协助员工消除挫折感。

3. 改善管理方式

管理方式不当，是造成旅游企业员工心理挫折的重要原因。因此，管理者应实行科学管理，以有效地预防员工产生挫折感。在工作安排中，旅游企业管理者应依据员工的个性特点，有针对性地分配工作岗位；管理者应考虑员工的实际能力和员工所处的客观环境，为他们设置既富有挑战性又切实可行的工作目标；管理者在对办公室、工作场所进行安排布置时，须考虑到人体的舒适度需要，应注重提供适宜于员工身心健康、舒适、愉悦的工作环境，使之有助于员工劳动效率的提高；管理者还应为员工提供学习和培训的机会，提高员工的工作能力，增强员工应对外界压力的能力，提高他们的心理承受能力，从根本上减少受挫行为的出现。

4. 管理者要有宽容的态度

当员工遭受挫折时，大多会丧失斗志，心灰意冷。因此，旅游企业管理者应当对员工持以宽容的态度，而不能漠不关心，更不能嘲笑、讽刺，应主动关心员工，帮助他们分析挫折的原因并吸取经验教训。管理者可以引导员工将挫折归因于内部的不稳定因素，如努力不够等，而不宜归于内在的稳定因素，如能力等，同时，应尽量淡化外部因素，以免引起员工的不满等情绪和行为表现。而且，管理者还应充分信任处于挫折中的员工，促使他们重塑信心，为企业发展作出贡献。事实也证明，一个人在遭受挫折后，对来自他人，特别是上级的关心、信任，感受最深，同时也能够真正地发挥激励的效用。

5. 让员工得到情绪发泄的机会

员工在受挫以后，心理会失去平衡，常常以紧张的情绪反应代替理智的行为。让紧张的情绪发泄出来，才能恢复理智状态，达到心理平衡。如有的企业设置总经理信箱，让员工把不满的情绪写出来，也就心平气和了。对于那些情绪比较激动的员工也可以采取个别谈心的办法，加以正确的引导。良好的沟通在消除员工挫折感的过程中是十分有效的。

案例分享

批评要注重场合

某酒店为迎合市场需求，特别引进了美国最新的全套保龄球设备，成为其所在城市规模最大的保龄球馆。开张之际，酒店专门邀请了某领导来主持开业仪式，以提升宣传力度。服务员在上茶水时，漏掉了该领导。经理脸色突变，大声训斥服务员："你怎么搞的，魂到哪里去了！"

分析：案例中的员工工作中出现了失误，经理当众批评，这极大伤害了员工的自尊心。酒店的员工不仅有对物质条件的需求，还有渴望尊重与关心的精神性需求，所以作为管理者，在批评犯错的员工时，应当注意不要当众批评、给他们留面子。

思考与练习

一、填空题

1. 心理健康包括生理健康、心理健康、________和________。

2. 心理疲劳产生的原因包括________、________、期望和________。

3. 旅游企业员工职业压力的来源于工作条件的压力、________、人际关系的压力、________和________。

4. 挫折的消极情绪与行为反应有焦虑、攻击、________、________和固执。

二、判断题

1. 挫折耐受力与遗传素质无关。（　　）

2. 工作热情低、毫无持续工作动机的员工对外界负荷极为敏感，往往容易夸大或高估不利的效应。（　　）

3. 破裂的家庭或父母不和谐、经常争吵，对儿童身心健康明显有不利的影响，容易使儿童产生躯体性疾病，同时会导致心理障碍的发生率增高。（　　）

三、选择题

1. 下列哪些不是心理健康的标准（　　）

A. 智力状况正常　　B. 自我评价恰当

C. 情绪愉快稳定　　D. 气氛和谐的家庭

2. 下列哪些不属于面对挫折的积极行为方式（　　）

A. 坚持目标，矢志不移　　B. 调整目标，继续努力

C. 在挫折中升华　　D. 宣泄

3. 下列哪些不属于旅游企业员工面对心理疲劳的应对措施（　　）

A. 员工帮助计划

B. 保持积极的心态，培养对工作的兴趣

C. 明确工作目标，知晓工作结果

D. 正确认识心理疲劳，及时调整消极的情绪

四、问答题

1. 员工心理健康的重要性。

2. 试述旅游企业员工心理疲劳的应对措施。

3. 什么是职业压力？职业压力对员工有哪些影响？

4. 旅游企业如何加强对员工心理挫折的管理？

参考文献

[1] 徐文燕．旅游心理学原理与应用［M］．上海：上海人民出版社，2010.

[2] 秦炜．旅游心理学［M］．广州：广东旅游出版社，2009.

[3] 周义龙．旅游心理学［M］．武汉：武汉理工大学出版社，2010.

[4] 娄世娣．旅游心理学［M］．郑州：郑州大学出版社，2006.

[5] 孙喜林，荣晓华．旅游心理学［M］．大连：东北财经大学出版社，1999.

[6] 麻益军．旅游心理原理与实务［M］．北京：旅游教育出版社，2005.

[7] 陈琦．旅游心理学［M］．北京：北京大学出版社，2006.

[8] 李昕，李晴．旅游心理学［M］．北京：清华大学出版社，2006.

[9] 吴正平，阎纲．旅游心理学［M］．北京：旅游教育出版社，2007.

[10] 曾廷忠．旅游心理学［M］．成都：四川人民出版社，2000.

[11] 王明波．导游心理学［M］．北京：中国旅游出版社，1996.

[12] 甘朝友，齐善鸿．旅游心理学［M］．天津：南开大学出版社，1995.

[13] 国家旅游局人事劳动教育司．旅游心理学［M］．北京：旅游教育出版社，1994.

[14] 北京市朝阳区职教中心教研部．实用服务心理学［M］．北京：中国旅游出版社，1991.

[15] 吕勤，徐施．旅游心理学［M］．北京：北京师范大学出版社，2010.

[16] 汪红烨，王立新．旅游心理学［M］．上海：上海交通大学出版社，2011.

[17] 肖华．饭店员工激励效果的影响因素与提升策略［J］．商场现代化，2009（4）.

[18] 胡朝举，黄响报．西方激励理论与我国酒店员工激励现状研究［J］．商场现代化，2009（1）.

[19] 杨光明，龚诗萍．建立旅游企业员工激励机制的思考［J］．恩施职业技术学院学报（综合版），2008（3）.

[20] 朱莹．我国星级饭店员工激励体系构建［J］．江苏商论，2007（1）.

[21] 王玮．现代酒店管理中的激励机制及措施探讨［J］．当代经理人，2006（21）.

[22] 游富相 . 酒店员工激励策略探讨［J］. 企业经济，2005（10）.
[23] 王海娟 . 浅析我国旅游企业的薪酬激励制度［J］. 燕山大学学报（哲学社会科学版），2005（8）.
[24] 吴宝宏 . 谈综合激励理论在旅游企业管理中的应用［J］. 辽宁师专学报（社会科学版），2003（1）.
[25] 姜莉 . 浅议旅游企业的激励机制［J］. 承德民族师专学报，2002（8）.
[26] 杜文东 . 心理学基础［M］. 北京：人民卫生出版社，2013.
[27] 本书编写组 . 新概念酒店服务明星进阶手册［M］. 北京：企业管理出版社，2013.
[28] 陶汉军 . 导游服务典型案例与解析［M］. 北京：旅游教育出版社，2013.
[29] 温卫宁 . 旅游服务业应用心理学［M］. 北京：中国旅游出版社，2011.
[30] 王赫男，杨海 . 饭店服务心理学［M］. 北京：电子工业出版社，2013.
[31] 李国宁 . 旅游心理［M］. 北京：中国劳动社会保障出版社，2009.

责任编辑：何　丹

图书在版编目（CIP）数据

旅游心理学 / 徐永清，李长秋主编. -- 3版. -- 北京 ：旅游教育出版社，2021.4（2025.8重印）
新编高职高专旅游管理类专业规划教材
ISBN 978-7-5637-4230-1

Ⅰ. ①旅… Ⅱ. ①徐… ②李… Ⅲ. ①旅游心理学－高等职业教育－教材 Ⅳ. ①F590-05

中国版本图书馆CIP数据核字(2021)第057103号

新编高职高专旅游管理类专业规划教材

旅游心理学

第3版

徐永清　李长秋　主编

出版单位	旅游教育出版社
地　　址	北京市朝阳区定福庄南里1号
邮　　编	100024
发行电话	（010）65778403　65728372　65767462（传真）
本社网址	www.tepcb.com
E - mail	tepfx@163.com
排版单位	北京旅教文化传播有限公司
印刷单位	唐山玺诚印务有限公司
经销单位	新华书店
开　　本	710毫米 × 1000毫米　1/16
印　　张	12.75
字　　数	196千字
版　　次	2021年4月第3版
印　　次	2025年8月第3次印刷
定　　价	30.00元

（图书如有装订差错请与发行部联系）